Achim Behme

TAG

Gedichte

Copyright: © 2019: Achim Behme
Umschlag & Satz: Erik Kinting – www.buchlektorat.net

Verlag und Druck:
tredition GmbH
Halenreie 40-44
22359 Hamburg

978-3-7482-6613-6 (Paperback)
978-3-7482-6614-3 (Hardcover)
978-3-7482-6615-0 (e-Book)

Bibliografische Information der Deutschen
Nationalbibliothek:
Die Deutsche Nationalbibliothek verzeichnet diese
Publikation in der Deutschen Nationalbibliografie;
detaillierte bibliografische Daten sind im Internet über
http://dnb.d-nb.de abrufbar.

Inhaltsverzeichnis

I
VOM DICHTEN

II
VOM WERDEN

III
VOM WELKEN

IV
VOM LIEBEN

V
VOM LEBEN

VI
VOM STERBEN

I
VOM DICHTEN

DER DICHTER IM FRÜHLING

Was, bitte, brauchen   wir die Natur
und Lieder, Lerchen   und Feld und Flur?
Wenn wir zwei beide   jetzt uns hier nur
im Arme liegen,   herrscht Liebe pur!

O Mädchen, Mädchen,   wie lieb ich dich!
Wie leibst, wie lebst du,   wie liebst du mich!
Wie lieben beide   wir, du und ich,
uns ewig einer   den andren: sprich!

Mit andren Worten: wie liebt man sich!
Die Verse nerven   uns unterm Strich!
Von solchen Reimen   gibt es doch zig!

O Goethe, Goethe,   wie bist du stur
stets flachen Reimen   auf treuer Spur!
Wird auf die Tour nicht   Kunst zur Tortur?

FÜR MÄDCHEN BEIM LESEN

Du, Mädchen, das liest, hüte dich:
Ich meine mit Ich ja nicht mich!
Das eine, das merke man sich:
Ich bin nicht das lyrische Ich!

Du, Mädchen, und hör noch das eine:
Das eine, das kleine, das feine,
das Dir und das Dich und das Du,
das auch lass ich lyrisch nur zu!

VON SAGEN UND KLAGEN

Wenn ich auch an jedem Tage
an den Wörtern Worten Sätzen
Lauten Silben Klängen Fetzen
meiner eignen Sprache nage,

wenn ich mich beim Schreiben plage
mit den Versen Strophen Formen
Reimen Rhythmen Regeln Normen,
dass der Text mit Sinn es sage:

kann's nicht finden kann's nicht fassen
kann's nicht lösen kann's nicht lassen
kann's nicht lieben kann's nicht hassen,

um dann wider bessres Wissen
das Versuchte zu vermissen –
in Behelf und Kompromissen.

VOM ANFANG ZUM ENDE

Geschrieben steht: Im Anfang war das Wort!
Du führst das Wort am Anfang fort von dort
und fährst nun Wort für Wort von dort nur fort.

Im Anfang ist der Anfang. Das ist der Beginn.
Am Anfang machst du weiter. Das macht einen Sinn.
Und immer weiter führst das Wort von dort du fort.
Und immer weiter fährst du weiter fort von dort.
So findest du am Ende dann zum Ende hin.
So findest du am Ende dann zu einem Ende –
und faltest du am Ende auf dem Bauch die Hände.

EIN GEDICHT EIN GEDICHT I

Heut schreib ich ein Gedicht!
Tu das nicht! Tu das nicht!

Ein Gedicht – ein Gedicht
hat Gestalt, hat Gesicht,
hat Gewalt, hat Gewicht!
Heut schreib ich, schön und schlicht,
heut schreib ich, leicht und licht
ein Gedicht – ein Gedicht!

Lass das sein! Lass das sein!

Heut koch ich ein Gericht!
Das ist fein! Das ist fein!
Lad uns ein! Lad uns ein!

EIN GEDICHT EIN GEDICHT II

Heut schreib ich ein Gedicht!
Tu das nicht! Tu das nicht!

Oder eine ach! Novelle
wie im Rausche, wie im Wahne
oder aber ach! Romane
auf die Liebe, auf die Schnelle
oder andere Geschichten!
Bitte! tu all das mitnichten!

Oder eine kleine Sage
von der Klage von dem Grame
ohne Frage einer Dame!
Das hört man nicht alle Tage!

Oder aber … oder aber …
Ach! hör auf mit dem Gelaber!

EIN GEDICHT EIN GEDICHT III

Ein Gedicht in alter Frische
ist für Mutter und für Vater
wie die Butter bei die Fische
(und das Futter für den Kater).

Ein Gedicht auch ohne Worte
ist für Jane und für Dorthe
wie die Sahne in der Torte
(und ist stets am rechten Orte).

Ein Gedicht! Ein Gedicht
(Willst du eins? Willst du nicht?)
ist für Liese und für Lotte

wie das Licht, wie das Licht
für die Mücke und die Motte
(und für Kiel die Kieler Sprotte).

EIN GEDICHT EIN GEDICHT IV

Heute schreib ich kein Gedicht!
Wenn auch nach des Dichters Pflicht
gar nichts für mein Schweigen spricht:
heute bleibt der Dichter dicht!

Heute üb ich mal Verzicht!
Wenn auch mich als dummen Wicht
noch so sehr der Hafer sticht:
heute sag ich: Heute nicht!

Heute treibe ich es bunt:
sonnengelb und himmelblau,
rosenrot und grasgrün und

wolkenweiß und regengrau!
Heute möchte ich es wild:
heute male ich ein Bild!

EIN SONETT EIN SONETT I

Heute schreib ich ein Sonett.
Mache, dass die Verse singen
sollen und die Reime klingen.
Alles töne voll und fett.

Heute bleib ich hier im Bett.
Warte, dass die Silben springen
wollen und die Rhythmen swingen.
Doch ich hab vorm Kopf ein Brett.

Kann ich Wort und Sprache zwingen
und in Satz und Strophe bringen?
Ach, vergebens ist mein Ringen!

Ein Sonett will nicht gelingen.
Schreib ich heute eben keins.
Schreib ich eben morgen eins.

EIN SONETT EIN SONETT II

Aber heute, liebe Leute,
heute bleib ich nicht im Bett.
Heute schreib ich ein Sonett.
Aber heute staunt die Meute!

Heute mach die Schmach ich wett.
Ein Sonett sei meine Beute,
drin ich Zeit und Welt euch deute.
Heute schmückt den Kopf kein Brett!

Wie ich in die Sprache dringe,
Zeit und Welt zur Sprache bringe,
Sinn aus Sprache wringe: seht!

Wie von Wort zu Wort ich schwinge,
Wort für Wort um Worte schlinge,
liebe Leute, seht: es geht!

DAS WUNDER DER SPRACHE

Man sagt: „Der Mann ist unverzagt!"
Doch spricht man nicht von „Unverzagen".
Doch spricht man wohl von „Unbehagen".
Man sagt nicht: „Dem ist unbehagt!"

Man sagt: „Man tagt!" und spricht von „Tagen".
Man sagt: „Man fragt!" und spricht von „Fragen".
Man sagt: „der Tag", sagt auch: „die Tage",
sagt nicht: „der Frag", sagt wohl: „die Frage".

Man sagt: „Ich seh den Mann fast täglich!"
Doch spricht man nicht von „Es ist fräglich!"
Doch spricht man wohl von „Es ist fraglich!"
Man sagt nicht: „Den seh ich fast taglich!"

Man hat getagt, gesagt, gefragt,
man hat gewittert und gewagt,
man hat gezittert und gezagt,
man hat verbittert sich beklagt,
man hat verknittert sich geplagt,
das hat doch sehr an uns genagt!
Und hat die Uhr voll zwölf geschlagen,
dann hat die Sprache wohl versagt!

JETZT ABER WAS FEINES

Und heute, Leute, hab ich eine Story
voll action, magic, sex and crime und glory.

Als erstes ist ein Mann in einem Zimmer.
Von da an wird es nur noch immer schlimmer.

Nun naht uns mit Gewusel und Gewackel
aus einem großen, wilden, fremden Rudel
ein kleiner Pudel oder kleiner Dackel,
ein kleiner Dackel oder kleiner Pudel.
Und Pudel oder Dackel mag man gern.
Das ist des Dackels oder Pudels Kern.

Dann kann – Tusch – mit Trompeten und mit Trommeln
der Teufel selbst aus seiner Hölle kommeln.

Und hüben oder drüben draußen warten
in einer Gegend oder einem Garten
sehr scheu, sehr schüchtern, sehr etepetete
die schöne junge Jungfer Margarethe
und, Kumpelin und Kupplerin, Frau Marthen
und warten beide auf den hochgelahrten,
den hochgelehrten und den hochgeehrten,
den ehrenwerten und den sehr begehrten –

Mensch, Alter, das ist Goethe doch sein Faust!

Mensch, Goethe, Alter, dass du von mir klaust!

DER DICHTER BEIM DICHTEN I

Bin kein Richter,
richte nicht.
Bin kein Schlichter,
schlichte nicht.
Bin ein Dichter,
dichte schlicht,
schlicht und schlichter:
's werde Licht!
Doch die Welt blieb öd und leer.
Dicht ich nicht mehr – bitte sehr!

DIE KATZE DES DICHTERS

Wo sind sie mir hergekommen?
Wo hab ich sie hergenommen?
Wurden sie für mich geboren?
Wurden sie von wem verloren?
Kamen sie wohl wem abhanden?
Oder sind sie so entstanden?
Oder sind sie wem entschwunden?
Habe ich sie selbst gefunden?
Diese Verse!

Verse! Wer se
hat der hat se!
knurrt die Katze.

DER DICHTER BEIM DICHTEN II

Sie schauen auf vier Pfoten in die Runde
und knurren bellen jaulen aus dem Munde
und geben Schwänze wedelnd von sich Kunde.
Und solche Wesen nennen Menschen Hunde.

Sie drohen mit den Klauen an den Tatzen
und schnurren schleichen fauchen oder kratzen
und krümmen Buckel oder krallen Spatzen.
Und solche Wesen nennen Menschen Katzen.

Und wer den Hund und wer die Katz nicht ehrt,
der ist auch keinen Köter keinen Kater wert
und kriegt zum Weihnachtsfeste auch kein Pferd.

Hier nagen leider leise Unbehagen:
was wollen diese Verse uns wohl sagen?
Weiß ich doch nicht! Müsst ihr schon andre fragen!

DER DICHTER BEIM DICHTEN III

Dichter fragt, was Dichters Pflichten,
will ein Dichter Dichtung dichten.

Soll er streiten? Soll er schlichten?
Soll beraten? Soll berichten?
Was beleuchten? Was belichten?
Wie gestalten? Wie gewichten?
Wo verzieren? Wo verzichten?
Was verneinen? Was vernichten?

Willst du wahre Größe zeigen,
Dichter, hülle dich in Schweigen!

DER DICHTER BEIM DICHTEN IV

Ruft der Dichter, er muss eilen,
er kann leider hier nicht weilen,
er muss an den Versen feilen,
um mit Wort und zwischen Zeilen
nun der Welt bald mitzuteilen,
wie die Welt als Welt zu heilen
sei, ist er doch selbst der Kranke,
und wir rufen: Dichter – danke!

DER DICHTER BEIM DICHTEN V

Ihr Leute, lauscht der trauten Mär
vom Dichten! Dichten ist so schwer
und schwerst und schwierigst auch, dass der,
der dichtet, scheitert um so mehr!

Der Dichter ist ein schlauer Herr,
und wenn er dichtet, dichtet er
gar lang und breit und tief so sehr
und Hand und Herz und Hirn so leer!

Dann sinnt er kreuz, dann sucht er quer,
ob nicht in Stadt und Land und Meer
noch Reim und Vers und Strophe wär.

Das Leben ist nicht immer fair.
Ach, du armer kleiner Dichter!
Wo nimmst jetzt du ein Gedicht her?

DER PINSEL IM HAFEN

Bin ich ein Schiff,   bist du der Hafen.
Als Hafen kommst   du sehr gelegen.
Als Schiff komm ich   dir gern entgegen.
Heut wird das Schiff   im Hafen schlafen!

Bist du ein Bild,   bin ich der Pinsel.
Wer aber wird   den Pinsel schwingen?
Was aber wird   das Bild uns bringen?
Erhöre doch   nur mein Gewinsel!

Bist du der Hof,   bin ich ein Pferd.
Bist du ein Haus,   bin ich der Herd.
Bist du der Herd,   bin ich das Haus.

Mir gehen jetzt   die Worte aus.
Mir fällt kein Satz,   Vers, Reim mehr ein.
Und du sagst: Nein?   Und du sagst: Nein!

DER DICHTER BEIM DICHTEN VI

Sitzt der Dichter in dem Keller
mit der Flasche, Glas und Teller,
wird das Dunkel auch nicht heller,
wird der Dichter auch nicht schneller.

Dichter dichtet: Frau die schlief.
Dichter dichtet: Kind das rief.
Dichter dichtet: Mann der lief.
Dichter dichtet kreativ,
sensitiv und intensiv.

Sitzt der Dichter auf dem Speicher,
ist er immer noch ein gleicher,
so ein weicher, blass und bleicher,
so an Können nicht sehr reicher.

Dichter dichtet: Meer so tief.
Dichter dichtet: Sturm so schief.
Dichter dichtet: Schiff auf Riff.
Dichter dichtet impulsiv,
ganz naiv innovativ.

Sitzt der Dichter in der Kammer,
formt der Dichter Dichters Jammer,
Vers und Strophe, Reim als Klammer,
fein wie mit dem Vorschlaghammer.

DER DICHTER BEIM DICHTEN VII

Horcht der Dichter tief im Innern
und er meint, nichts aufzuspüren,
was uns werde je verführen,
zählen wir zu den Gewinnern.

Horcht der Dichter tief im Innern
und er meint, was aufzustören,
ohne das wir was verlören,
zählen wir ihn zu den Spinnern.

Kann der Dichter innen hören,
was sich lohnte zu beschwören,
um uns Menschen zu betören

in Gesängen, Liedern, Chören,
zählt er nicht zu den Verführern,
zählt mit uns zu den Verlierern.

DER DICHTER BEIM DICHTEN VIII

Greift der Dichter nach der Flasche,
hält der Dichter sich für richtig
wirklich und wahrhaftig wichtig.
Dichter, lüg dir in die Tasche!

Und er köpft die nächste rasche
Flasche. Welt, wie bist du nichtig!
Und wie richtig wichtig dicht ich!
Dichter, lass die olle Masche!

Ist der Dichter echt gut drauf,
macht er noch ein Fläschchen auf,
dass er nippe, dass er nasche,

und mit vollem Sauf und Schnauf
nimmt die Lyrik ihren Lauf.
Friede, Dichter, deiner Asche!

VON MUSEN UND ROSEN

Es sollen rote Rosen auf uns regnen.
Es sollen stille Sterne auf uns schnein.
Und Engel sollen sanft und sauber segnen,
was wir in Liebe tun, wir zwei zu zwein.

Es fiel nicht nur nicht eine kleine Blume.
Es fiel auch nicht ein kleines Licht herab.
Und du liegst längst in dunkler schwarzer Krume,
wie ich längst lieg in dunklem schwarzen Grab.

O Muse, kann man nun die Kurve kriegen
von dem faul in der schwarzen Erde Liegen
zu dem frisch auf der weißen Wolke Fliegen

zur Feier von der Liebe frohen Siegen –
von schwarzer Schwärze hin zu weißer Weiße?
O Muse, Verse, Reime – alles Scheiße!

DAS ENDE DES DICHTERS

Leider ging es mir wie allen:
lange war ich auf der Welt,
und die Zeit hat mir gefallen,
und die Zeit hat mich gefällt!

Leider kann ich nun mitnichten,
denn ich bin ja lange tot,
eine weitre Strophe dichten:
arme Welt, ach, welche Not!

II

VOM WERDEN

DAS WUNDER DES JAHRES

Es fiel ein erster Januar
einst auf den ersten Tag im Jahr.
Nun meinen gar die Menschen zwar,
dass solches so schon öfter war.

Und doch: es war in jenem Jahr
der erste Mond ein Januar.
Das heißt, dass sicher um ein Haar
der erste Mond war Februar.

Und auch: es war in jenem Jahr
nicht mehr als dieser Januar.
Das heißt, dass Januar sehr rar
in jenem Jahr vor Zeiten war.

Und später bot kein Januar
in jenem Jahr noch mal sich dar.
Und was ich sage klipp und klar,
ist wirklich und wahrhaftig wahr.

VON MÜCKEN UND MENSCHEN

Berg
mit deinen fernen Gipfeln, Höhen, Weiten,
mit deinen tausend über tausend Jahren,
Berg,
viel größer als zu irgendwelchen Zeiten,
viel älter als je Menschenwerke waren,
Berg,
du machst den Menschen immer wieder klein,
du lässt ihn kleiner fühlen sich als ein
Zwerg.

So mag es Mücken gehen,
wenn sie uns Menschen sehen.

DIE NATUR DER NATUR

Tief im Busch und hoch im Baum,
hier im Gras und dort im Strauch,
mitten auf den Wegen kaum,
aber an den Seiten auch,

tief im Wald und hoch im Hain,
auf dem Feld und auf der Flur,
hier am Hang und dort am Rain
wuchert wild und wüst Natur:

Knospen, Blätter, Blüten, Beeren,
Distel, Mistel, Kern und Korn,
Dolden, Rispen, Trauben, Ähren,
Stiel und Stängel, Stachel, Dorn.

Faden, ich hab dich verlorn!
Also nochmal ganz von vorn!

VON SPINNEN UND SPINNERN

Über Stock und Stein und Steg,
auf der Wiese, auf der Weide,
auf der Brache, auf der Heide,
über Berg und Tal und Weg

zwischen Kraut und Gras und Farn,
Mieren, Melden und den vielen
Binsen, Simsen, Seggen, Schmielen
spinnen Spinnen gern ihr Garn.

Kam wohl wer sehr schnellen Schritts.
Kreuz und quer die Fäden schnitt's.
Stop! Potz Blitz! Ist das ein Witz?

Tschuldigung! Gestatten: Schmitz!
Doch im Großen und im Ganzen
keimen so kaum je Romanzen.

VON FELSEN AN FLÜSSEN

Wir fahren auf dem Rhein.
Sieh, wie die Wasser wellen!
Sieh, wie die Wellen quellen!
Dort drunten, sieh, ein Wels!

Dort drüben, sieh, ein Fels!
Sieh, wie die Wogen schnellen!
Sieh, wie die Schnellen schwellen!
Dort droben singt wer: ein

schön Weib kämmt blonde Locken,
das will die Männer locken.
Das ist die Lorelei!

Wir schauen kurz hinüber.
Da sind wir schon vorüber,
da sind wir schon vorbei!

VON STÄDTEN AN STRÖMEN

Hier sind wir auf dem Strom!
Am Ufer liegen Orte,
da fehlen uns die Worte!
Dort drüben steht ein Dom!

Hier wird der Mensch zum Gnom!
Seht dieses Heer von Türmen,
die gegen Himmel stürmen!
Dort drüben, ist das Rom?

Ist das nicht Mainz am Rhein?
Liegt Mainz denn nicht am Main?
Ist diese Stadt nicht Speyer?

Ist Worms nicht diese Stadt?
Ob Worms den Dom da hat?
Ach Mensch, das weiß der Geier!

DIE AUGEN DES MONDES

Scheinst du wieder, scheinst wie immer,
scheinst mit schönem hellen Schein
durch die Scheibe scheu herein
in ein stilles, dunkles Zimmer –

schaust du stumm mit schlichtem Schimmer
in ein Zimmer – nein, Mond, nein!
Tu das nimmer, lass das sein!
Lass das sein, Mond! Tu das nimmer!

Mond, du bist ein ganz, ganz Schlimmer!
Mond, du bist ein altes Schwein!
Schluss jetzt mit den Schweinerein!

Schluss jetzt mit dem faulen Flimmer!
Mond, nun stell dich mal nicht dumm!
Mond, nun dreh dich doch mal um!

VON MONDEN UND MEEREN

Das Meer das Meer das Meer das Meer
lag schwer lag fett und schwer lag fett
lag fett lag schwer und fett lag schwer
in seinem düster dunklen Bett.

Der Mond der Mond der Mond der Mond
am Himmel einsam und allein
stand dort als Mond wo Mond auch wohnt
in seinem golden gelben Schein.

Und aus der Tiefe tiefer Kluft
ein kleiner Fisch sprang in die Luft

und ward am Meer vom Mond zur Nacht
mit güldnem Schimmer Glanz und Licht
das sich in seinen Schuppen bricht
zur Nacht am Meer vom Mond bedacht.

Kein Mensch hat ach! den Fisch gesehn.
Doch ach! sein Glanz sein Glanz sein Glanz
beim Mond bei Meer und Mond beim Meer
beim Meer bei Mond und Meer beim Mond
war ganz war sehr und ganz war sehr
war sehr war ganz und sehr war ganz
sein Glanz war ach! so schön so schön.
Und ach! es hätte sich gelohnt!

AN RÄNDERN UND RAINEN

Ohne Ginster
gelb wie Dotter
schiene Schotter
feind und finster.

DIE ZÄHNE DES LÖWEN

Nein, zu deinem Ruhme
wird nicht viel gesagt.
Selbst als Pusteblume
bist du kaum gefragt.

Reißt man Blüt und Blätter,
Stumpf und Stiel, heraus,
treibst du oft noch fetter
aus dem Stock neu aus.

Dieser Drang zu leben,
um zu leben nur,
mag ein Beispiel geben,
stark zu sein und stur,

wie du stolz im kühnen
Wuchs aus Wurzeln steigst
und mit frischem Grünen
uns die Zähne zeigst.

DAS LEBEN IN GÄRTEN

Der Eisenhut, der Eisenhut,
der weiß nichts von der Meisenbrut.
Die Meisenbrut, die Meisenbrut,
die weiß auch nichts vom Eisenhut.

So weiß der Eisenhut auch nicht,
was über seinen Köpfen fliegt.
Und auch die Meisenbrut weiß nicht,
was unter ihren Füßen liegt.

Der Eisenhut ist ziemlich schlau;
er liebt kein Grau
und gibt sich blau.

Die Meisenbrut ist ziemlich dumm;
sie weiß nicht um
ihr Meisentum.

DAS LEBEN IN HECKEN

Sie hocken in den Hecken eng in Schwärmen
und zetern zwitschernd in den dichten Zweigen,
um, wenn du nahst, mit einem Mal zu schweigen
und, wenn du gehst, aufs Neue laut zu lärmen.

Sie wissen: erst im Schwatzen sind sie Spatzen.
So geben sie die Zeit dem Zwitschern hin.
So haben sie im Zwitschern Sein und Sinn.
Was wären Spatzen, die nicht zwitschernd schwatzen?

Im Hag ein stiller Spatz, ein stummer Spatz,
der wäre keiner, der wär für die Katz!

DAS LEBEN AUF WIPFELN

Seht die junge Elster
auf den höchsten Spitzen
unsrer Fichten sitzen!
Offenbar gefällt's der!

Ich säß nicht so munter
da. Ich fiel herunter!

DAS LEBEN IM WASSER

Der Himmel hat sich heute zugezogen.
Es fällt der liebe Regen. Regen fällt
auf Haus und Dorf und Stadt und Land und Welt.
Die Sonne scheint auf einen Regenbogen.

Die Sonne scheint. Es scheint die liebe Sonne
mit schönem mildem warmem hellem Schein
auf Wald und Feld und Weg und Stock und Stein
und auf das Wasser in der Regentonne.

Und auf die Larven jener muntren Mücken,
die uns, wenn wir nun nachts in unsren Betten
bei offnen Fenstern unsren Schlaf gern hätten,

mit leisen Liedern und mit andren Stücken,
mit sachtem Schwirren und mit andren Tücken,
mit Stichen uns entzücken und beglücken.

VON MENSCHEN UND MÜCKEN

Sommer: Sonne, Regen: Mücken –
welche unter schwüler Hitze
jeden Tümpel, jede Pfütze,
jedes stille Wasser schmücken –

meinen die, mit ihrem Schwirren
einen Menschen zu berücken?
meinen die, mit ihrem Sirren
einen Menschen zu beglücken?

Wenn sie ihren Rüssel zücken
und in einen Menschen drücken
und in langen leisen Schlücken
Saft aus einem Menschen schlürfen –

Meinen die, dass die das dürfen?
Rettet euch vor ihren Tücken!
Fangt sie! Fasst sie! um zu Stücken
alle Mücken zu zerpflücken!

NIE SCHATTEN NOCH SCHÖNER

Nie war Schwüle schwerer schwül
als an jedem heißen Abend
nach des Sommers hohen Tagen,
wenn wir schwitzend im Gewühl
nachts der nassen Laken lagen,
uns aus klammen Kissen grabend.

Nie war Schatten schöner kühl,
schöner kühl und frischer labend
als an jenem einen Abend
nach des Sommers langen Tagen,
als wir beide, ein Gefühl,
ohne einen Satz zu sagen,
unter einer ersten Wolke,
einer ersten Wolke lagen.

DER WECHSEL DES WETTERS

Das Wetter schenkt uns die Natur
in Wald und Wies und Feld und Flur
in einem steten Wechsel nur.

Die Sonne scheint, der Regen fällt,
dann scheint die Sonne wieder,
dann fällt der Regen nieder
auf Wies und Wald und Flur und Feld
und auf die ganze weite Welt,
und Wind weht brav und bieder.

Das Wetter schenkt uns die Natur
in einem steten Wechsel nur.
Im Wechsel ist Natur nur stur.

DAS BLAUE VOM HIMMEL

Unser Himmel ist ganz blau!
Das weiß man, und das weiß frau.

Und des Himmels blaue Bläue
schenkt in seiner trauten Treue
uns der Himmel stets aufs Neue,
dass des Menschen Herz sich freue.

Ist der Himmel aber grau,
schockt und schert das keine Sau,
weiß der Mensch doch sehr genau:
drüber ist er aber blau!

Denn der Mensch als Mensch ist schlau!

DAS REGNEN DES REGENS I

Tropfen tropfen auf die Mützen,
Tropfen klopfen auf die Köpfe.
Tropfen tropfen auf die Tröpfe,
Tropfen klopfen auf die Pfützen.

Regen rinnen in die Nacken,
von der Stirne an die Lippe,
von der Kehle an die Rippe.
Regen rinnen in die Jacken.

Regen regnen an die Sohlen.
Regen legen ein Schippe
drauf. Nur bloß jetzt keine Grippe,
Husten nicht noch Schnupfen holen!

Und der Mensch wird nass und nasser.
Sind noch deine beiden Socken,
Socken in den Schuhen trocken?
Und die Welt wird nass wie Wasser.

Regen regnen auf den Gassen,
Regen regnen auf den Wegen.
Land Luft Leute saufen Regen,
Regen muss man regnen lassen.

DAS REGNEN DES REGENS II

Wenn, wenn Regen regnen, Regen
auf den Wegen, Wiesen, Stegen
und in dieser schönen Gegen-
d durch die ganze Gegend fegen,

regnen Regen auch gelegen-
tlich nicht recht und schlecht versehen-
tlich! Drum lass die Wolken gehen
und mit Wind und Wetter wehen!

Du musst nicht um Sonne flehen-
d auf der nassen Erde stehen!
Gönn dir einen kleinen Schlehen-

schnaps, und lass die Welt sich drehen!
Nimm den Regen hin als Segen!
Hauch ein kleines Meinetwegen!

AUS WEIDEN UND LEIDEN

In der Lüneburger Heide,
in der Heide Lüneburgs,
macht das Wetter wieder Murks:
Regen regnet auf uns beide.

Auch in Winden und in Weiden:
Regen rinnt auf dich und mich.
Regen rinnt auf mich und dich,
auch in Linden und in Leiden.

Und im schönen stillen Lich
lassen wir zwei, du und ich,
Regen regnen und auf sich

ganz und gar und gern beruhn.
Wir zwei beide haben nun
ganz und gar und gut zu tun.

EIN DONNER IM DUNKEL

Die Wolke wandert übers Haus
und macht des Mondes Lampe aus
und auch den Schein von Stern um Stern.
Und später zieht noch gut und gern

mit Wind Gewölk von West heran
und löscht das letzte kleinste Licht.
Im Dunkel sieht rein nichts mehr man.
Und selbst das Dunkel sieht man nicht.

Es blitzt der Blitz. Der Donner kracht.
Es pfeift der Sturm. Der Regen lacht.
Das Wetter kommt die ganze Nacht

von abends zehn bis morgens acht.
Und in der Frühe knipst sich dann
Frau Sonne ihren Strahler an.

IN SOMMER UND WINTER

Kahl sind Zweige, kahl sind Äste,
unten braun und oben weiß –
Schnee, ach Schnee, du bist der Beste!
Und im Winter ist es kalt.

Und im Sommer ist es heiß.
Sonne knistert, Sonne knallt,
Sonne, ach, du bist die Schönste!
Jeden neuen Sommer krönste.

In den Zeiten zwischen beiden
kann sich Wetter kaum entscheiden
zwischen Wärme, Kälte, Hitze,

zwischen Dämmer, Dunkel, Licht –
ob ich fröstle, friere, schwitze,
ob es regnet oder nicht.

DAS WERDEN DES WETTERS

Wo stammt das ganze Wetter her?
Ich glaub, es kommt von oben,
von ganz hoch oben droben
und noch viel höher, noch viel mehr.

Nein, das zu denken, fällt doch schwer.
Ich glaub, es kommt von unten,
von ganz tief unten drunten
und noch viel tiefer, bitte sehr!

Es kommt ja nicht von ungefähr!
Es kommt aus fernen Weiten.
Es kommt von allen Seiten.

Es kommt wohl eher übers Meer!
Denn dort die ganze Luft ist leer –
in alle Ewigkeiten.

III

VOM WELKEN

VON WETTER ZU WETTER

Frühlings Wetter – alles drin!
Sonne hin und Regen her,
Wolken her und Himmel hin,
viel April und nicht viel Sinn –
Frühling mag ich nicht so sehr!

Sommers Wetter – Hölle! Hitze!
Ach, ich sterbe! Ach, ich schwitze!
Schwere Schwüle, Donner, Blitze –
alles das sind schlechte Witze!
Sommer finde ich nicht spitze!

Herbstes Wetter – kein Gewinn!
Milde Winde hin und her,
kühle Lüfte her und hin,
bis ganz irr und wirr ich bin –
Herbst mag ich da auch nicht mehr!

Winters Wetter – na denn prost!
Kälte, die von Nord nach Süd
und mit Eis und Schnee und Frost
auch von West und auch von Ost
krass in meinen Körper zieht,
dass das Blut das Leben flieht –
Winter bietet harte Kost!

Ich mag überhaupt kein Wetter!
Gar kein Wetter wäre netter!

DIE FRÜCHTE DES HERBSTES I

Wieder stehen wir inmitten
einer Welt aus Herbst und sehen
rechts und links und rings aus allen
Bäumen Blätter und die schweren

Haselnüsse, Eicheln, Quitten,
Hagebutten, Vogelbeeren
weich und hart zur Erde fallen
und im Laub zu Grunde gehen.

Alles fällt und fällt vom Leben,
doch im frühen Morgengrauen
können wir im Garten schauen,

wie an Halmen und an Zweigen
stets aufs Neue wieder eigen-
sinnig Spinnen Netze weben.

DIE FRÜCHTE DES HERBSTES II

Wenn alle Früchte fallen von den Bäumen,
seid ihr die einzigen, die noch nicht gehen,
die, statt im Laub zu faulen, selig säumen,
die stur im Schutz der spitzen Dornen stehen
und die im Wust von starren schwarzen Zweigen
ihr Blau dem Blau des leeren Himmels zeigen:
ihr Schlehen, Schlehen ihr, nichts sonst als Schlehen.

VON JÄGERN BEIM JAGEN

Hat die Spinne schon vor Sonnen-
aufgang schön ein Netz gesponnen
und auch was gefang- und -wonnen –
oder zer- ist ihr Ziel -ronnen?

Hat der Jäger auf der Jagd
einen schnellen Schuss gewagt
und auch was erlegt und -jagt –
oder wieder ver- mal -sagt?

Hat der Tiger sehr beflissen
ohne eine Spur Gewissen
selbst auch was gejagt und -bissen –
oder ge- hat nichts er -rissen?

Manchmal gönnt und gibt das Leben.
Manchmal geizt das Leben eben.

VON WÖLFEN UND SCHAFEN

Da biss und riss ein Wolf ein Lamm
und machte sich des Weitren am,
am nächsten besten Lamm zu schaffen.
Die andren Lämmer, die ganz baffen,

die Lämmer taten nichts als gaffen,
wie frech die Wölfe Futter raffen.
Drum ist der Wolf als Tier vom Stamm,
vom Stamme Nimm meist auf dem Damm.

Ob Lamm, ob Schaf, ob Bock, ob Ham-
mel, dieses Tier hat immer Bam-
mel. Und so frisst es, meiner Treu,

statt Fleisch stets Gras und Kraut und Heu.
Drum meint der Mensch auch von dem Tier,
es sei vielleicht Vegetarier.

VON SCHLEICHEN UND SCHLANGEN

Die Schnecke schneckt mit ihrem Heim
auf ihrem Leib auf ihrem Schleim.
Die Schleiche schleicht auf ihrem Bauch
ganz ohne Schleim und ohne Leim,

ganz ohne Heim und ohne Reim
und sagt: Nur auf dem Bauch geht auch!
Das Schwein, nach gutem alten Brauch,
hing längst als Wurst an Wurst im Rauch.

Die Schlange schlängelt durch den Wald
und sagt: Das lässt mich jetzt echt kalt!
Die Schlange maust sich eine Maus.

Die Maus nach Schmaus in Saus und Braus
lag vor dem Loch, lag vor dem Haus
und sah zum Schluss als Maus alt aus.

VON SCHNECKEN BEIM SCHEIDEN

Hör nur, wie die scheue Schnecke schmatzt,
wie das ploppt und wie das platscht,
wie das matscht und wie das klatscht,
wenn sie unter Schuhen platzt,
wenn sie nicht ein Haus und wenn sie nackt.

Wenn sie nicht nackt und wenn sie ein Haus,
wie das knirscht und wie das knackt,
wie das kracht und wie das klackt,
hör den andren Klang heraus,
andren Ton oft und oft andren Takt.

Doch am Schluss, hör, steht das gleiche Los,
ob du Hausherr, ob du obdachlos.

VON FICHTEN UND FEINDEN

Nein, du triste lichte Fichte
wirst es wohl nun nicht mehr schaffen!
Hitze, Dürre, Sommers Winde,
Käfer, die sich auf dich warfen,
mit den Myriaden Larven
unter deiner wunden Rinde
werden dich von hinnen raffen,
machen, Fichte, dich zunichte!

Dass die Fichte gut sich fühle,
braucht es Feuchte, braucht es Kühle!
Dass die Fichte satt grün leuchte,
braucht es Kühle, braucht es Feuchte!
mehr des Nordens frische Strenge
als des Südens milde Hänge!

Nein, du schlichte schwache Fichte,
nein, dir helfen nicht Gerichte!
nein, dir helfen nicht Gedichte!
Fichte, du bist bald Geschichte!

VON SOMMER BIS WINTER

Wenn der Sommer lang zerrann,
wenn die Sonne tiefer hängt
und die Schatten weiter längt
und das Dunkel lockt heran,
dann –

Wenn der Herbst schon lang gewann,
wenn der Wind wild wächst zum Sturm,
der ins Laub dumpf drängt den Wurm
und zum Himmel braust hinan,
dann –

Wenn ein Wetter kommen kann
voller Wolken, Regen, Schnee,
das ins Moos dicht drückt das Reh,
wenn der Winter schon begann,
dann –

stell nicht all die dummen Fragen
nach Warum Wie Wo und Wann!
Halt dich fest an hellen Tagen,
schau nicht in den Spiegel, Mann!

Lach dir einen Frühling an!

AM ENDE DAS ENDE

Immer wieder kommen Herbste,
und wir reimen gelb und rot,
gelb und rot sind schon die Wälder,
und wir reimen braun und grau,
braun und grau sind schon die Felder,
und der Wind wird roh und rau,
und wir sind bald mausetot.

Damit hat es keine Not.
Immer wieder kommen Herbste,
aber erst im Winter sterbste!

DIE FARBEN DES HERBSTES I

Durch des Morgens kühles Grauen,
Knistern unter deinen Tritten,
in des Nebels leichtem Nieseln,
Rascheln unter deinen Schritten,
in des Laubes leisem Rieseln:
komm, den Wald im Herbst zu schauen!

Komm, den Weg im Wald zu gehn:
Blätter, Berge, Blatt um Blatt,
bröselnd, bröckelnd, bleich und blass,
modernd, mulmend, morsch und matt,
trocknend, tropfend, dürr und nass:
komm, den Weg im Wald zu sehn!

Komm, den Weg im Wald zu schaun:
golden gelb und erdig braun,
Braun der Eichen, Gelb der Birken,
die dem Wald den Teppich wirken,
Gelb der Lärchen, Braun der Buchen,
Grün am Grund muss lang man suchen,
zwischen Schatten Grau in Grau
Ton in Ton und Schwarzes, schau!

Bis der Sonne erstes Licht
durch das dichte Nebeln bricht
und der Strahlen grelle Garben
lassen nach den letzten Dunkeln
Baum und Busch und Boden bald
und den ganzen großen Wald
flirrend flackern, flammend funkeln
frisch in tausend warmen Farben!

DIE FARBEN DES HERBSTES II

Blätter gelb und Blätter rot,
Blätter braun und Blätter tot,

Baum und Strauch und Wiese leer,
Weg und Wind und Wolke schwer,

Wälder nackt im Nebel, kahl,
Felder brach im Regen, fahl,

deine Wangen, hoch und schmal,
deine Augen, zwei an Zahl

und die Finger an den Händen
und das Feuer in den Lenden –

komm, wir laufen rasch nach Haus,
und in vollem Saus und Braus
lachen laut den Herbst wir aus!

VON ÄSTEN AN WEGEN

Ast,
fast
abgebrochen
schon vor Wochen

hangst und harrst,
knackst und knarrst
am
Stamm

du wie ein Toter
starr an dem Galgen,
in dessen Schatten
Spatzen sich balgen.

VON ZWEIGEN AN WEGEN

Dünner Zweig an Weges Rand –
abgerissen,
weggeschmissen
von wer weiß welch Wesens Hand –

ohne Leben, ohne Laub,
eines Kindes
oder Windes
oder Tieres Laune Raub –

doch es sitzen
an den Spitzen
schon die Knospen eines neuen,

nächsten Jahres.
Nein, für dich kein Grund zum Freuen!
Zweig, das war es!

VON BLÄTTERN AN WEGEN

Blatt –
erst grünes, dann gelbes und rotes,
dann braunes und graues, nun totes

Blatt –
einst gleißendes, glänzendes, glattes,
jetzt bröckelndes, bröselndes, mattes

Blatt –
vom Wind in den Lüften getrieben,
vom Weg an den Rändern zerrieben,

die Kanten gerupft und gerissen,
die Spreite zerschlitzt und zerschlissen,
die Ecken gedreht und gebogen,
die Fläche verzerrt und verzogen,

du Blatt, das das Wetter zerfetzte,
du Blatt, das der Winter zersetzte,
als Blatt kaum mehr noch zu erkennen,
kaum mehr noch der Baum zu benennen –

du bietest uns auch keinen Trost
in dieser Zeit unterm Frost.

VON BÄNKEN AN WEGEN

War je ein Mensch, der frisch und frei und frank
und froh als einen echten Freund dich pries,
wenn er, kam er des Wegs, sich fallen ließ
und matt und müde auf dich niedersank?

War je ein Mensch, der dir sprach seinen Dank
und sang von ganzem Herzen dir sein Lob,
wenn er, ging er des Wegs, sich wieder hob,
du schlichte, alte, schiefe, krumme Bank?

Du stehst am Weg in deinem harten Holz,
vom Sitzen vieler hundert Hintern blank,
und wahrst trotz Undank Würde dir und Stolz.

Es juckt dich nicht. Es würde dich nicht jucken,
wärst du ein Mensch. Du würdest nicht mal zucken
und würdest sagen: Menschen? Ach, was soll's!

VON ZÄUNEN AN WEGEN

Mit morschen Pfählen und mit schiefen Planken,
geknickt, geduckt, gekippt und teils gebrochen
kommst du gebeugt, gebückt des Wegs gekrochen
und säumst nur mehr in Stücken seine Flanken.

In Farn und Dorn und wilden Brombeerranken
und hohem Gras versteckt, verschluckt, versunken,
in einem Meer von Brennnesseln ertrunken,
weist du nicht Mensch noch Tier in seine Schranken.

Bald bist du fort. Bald werden frische Pfosten
mit harten Drähten, die so rasch nicht rosten,
hier stehen: stark und stolz und prahlerisch.

Noch bist du da. Noch kannst mit deinen Resten
im Grün und Blau des Sommers du am besten
das eine: da sein, müd, doch malerisch.

VON SCHILDERN AN WEGEN

Schwarz auf weiß mal und mal bunt in Bild-
zeichen oder Zahlen oder Lettern
und bei Sonne, Regen, Wind und Wettern
zeigst du stets die Richtung an, und, Schild,

zeigst du, und das, was du sagst, es gilt,
stetig über Stock und Stein und Stege
mir und uns und allen ihre Wege,
und zu schelten wäre, wer dich schilt,

voller Zorn und außer Rand und Band,
immer mit dem Kopf grad durch die Wand,
weil er dir zum Trotz sein Ziel nicht fand,

so als stünd er jetzt in einem andren Land,
so als stürzt er gleich von unsrer Erde Rand,
weil er deine Sprache nicht verstand.

DAS REGNEN DES REGENS III

Tropfen tropfen an die Scheiben,
an die Scheiben tropfen Tropfen,
an die Scheiben Tropfen klopfen,
Tropfen an die Scheiben schreiben

Spuren, die nicht Spuren bleiben.
Draußen in dem Dämmer treiben
dunkle Zweige schwarze Eiben,
die sich an den Stürmen reiben.

Wind weht her, Wind weht vorüber,
Wind ist da und ist gewesen.
Regen rinnen, ungelesen.

Draußen wird es trüb und trüber.
Wind und Wetter hab ich über.
Sonne, lass die Welt genesen.

DAS REGNEN DES REGENS IV

Der Regen fällt in Strömen Schleiern Schauern,
dass wir die Welt wie hinter Wassern sehen,
die über Stadt und Land und Meere gehen
und über Stunden Tage Wochen dauern.
Auch wenn wir wieder uns die Augen reiben,
wir sehen alles wie durch blinde Scheiben.

Es regnet in Bad Iburg,
in Marburg und in Warburg,
es regnet in Bad Driburg
und auch in Hamburg-Harburg.
Es regnet auch in Schleiz,
in Köln und auch in Mölln.
Es regnet auch in Zeitz
und in Berlin-Neukölln.
Es regnet auch zum Glück
In Rheda-Wiedenbrück.

Es regnet auch in Steinheim,
in Schlangen und in Schleiden,
es regnet auch in Weinheim,
in Wangen und in Weiden.
Es regnet auch in Erfurt,
in Klingenberg und Bingen,
es regnet auch in Querfurt,
in Zwingenberg und Singen.
Es regnet auch in Schlitz
im Garten von Herrn Schmitz.

Es regnet harsch im Harz,
dort regnet's grau und schwarz,
es regnet auf der Alb,
dort regnet's fahl und falb.
Es regnet in der Mark,
dort regnet es sehr stark,
es regnet in der Rhön,
dort regnet es sehr schön.
Es regnet in der Pfalz,
da blitzt's auch, donnert's, knallt's.

Es regnet an der Regnitz,
es regnet auch am Rhein,
es regnet an der Pegnitz,
es regnet auch am Main.
Es regnet an der See,
es regnet wüst im Watt,
es regnet Luv und Lee,
es regnet alles platt.
Auch am Steinhuder Meer,
da regnet es gar schwer.

Die Erde säuft heut Regen Regen Regen.
Hat auch was! Soll sie saufen! Meinetwegen!

Nur oben droben auf dem hohen Brocken,
dort wo die bösen Böcke böse bocken,
dort wo die bösen Geister böse hocken
und wo die bösen Monster böse schocken,
dort wo die bösen Hexen böse locken,
dort wo die bösen Zwerge böse zocken
und wo die bösen Riesen böse rocken,
dass aller Menschen Mäuler Atem stocken
und alle Menschen flüchten sich erschrocken –
da bleibt – jetzt seid ihr sicher von den Socken –
da bleibt es gestern heute morgen trocken
bis auf ein paar ganz kleine weiße Flocken.

VON GASSEN UND GOSSEN

Arme kleine gelbe Kippe,
rot am Rand von einer Lippe,
die sie eben erst noch rauchte,
dann am Ende nicht mehr brauchte,

dann am Ende nicht mehr wollte
und ein letztes Mal dran nippte
und so auf die Gasse kippte,
wo sie in die Gosse rollte,

wo sie jetzt nicht bleiben sollte:
kommt ein Regen, fließt sie ab
in ein nasses, dunkles Grab

oder macht auf diese Weise
auf dem Wasser treibend leise
eine wunderbare Reise …

DAS ENDE AM ENDE

Von rauen Regen und Winden zerfleddert,
von frühen Stürmen und Steinen geschreddert,
in dürren Halmen und Zweigen verheddert,

so braun, so matt, so dünn, so ganz
von Farbe frei, von Licht und Glanz:
Herbstes Raub,
totes Laub.

Leg deine weißen Laken, Dezember,
auf unsren armen, alten November!

AM ENDE DAS DUNKEL

Ach nun kommen wieder diese langen kalten
dunklen Nächte mit den kurzen kargen Tagen
und mit Reif und Schnee bis in die tiefen Lagen.
Winter möchte wieder seinen Einzug halten.

Und nun kommen auch die ewig jungen alten
Fröste wieder, die an müden Füßen nagen,
die uns Schauder durch die morschen Knochen jagen.
Winter möchte wieder seines Amtes walten.

Flocken fallen, ballen sich zu dicken dichten,
bläulich lichten oder gräulich schweren Schichten,
die die Äste knicken, die die Stämme spalten.

Buchen brechen, bersten, Eichen oder Fichten.
Winter will die tote Erde neu gestalten.
Winter legt der Welt die Stirn in weiße Falten.

DAS DUNKEL AM ENDE

Kein Scheinen, kein Schimmern,
kein Mond und kein Stern,
von nah und von fern
kein Glänzen, kein Glimmern.

Kein Brand einer Kerze,
kein Leuchten, kein Licht,
ein Schatten auch nicht,
nur Starre, nur Schwärze.

Im Dunkeln am Ende
des Jahrs keine Welt,
kein Weg, keine Wende.

Kein Aug, das dich fände,
kein Wort, das dich hält,
kein Herz, keine Hände.

IV

VOM LIEBEN

TAG (FÜR ANDREAS GRYPHIUS)

Die dunkle Nacht ist um.   Der Tag schwingt seine Fahn
und bringt der Sonne Schein.   Der Menschen bunte Scharen
verlassen nun das Haus.   Wo leere Straßen waren,
herrscht jetzt Betriebsamkeit.   Der Schlaf hat gut getan.

Die Leute nehmen Rad,   Zug, Auto oder Bahn.
Ob Kind, ob Teen, ob Greis,   ob auch in mittlern Jahren,
ich, du, und alles Volk,   wir laufen, rennen, fahren.
Das Leben wirbelt wild,   auf hoher See ein Kahn.

Lass, Liebes, uns doch gleich   durch dieses Wogen gleiten,
lass uns das Licht der Stadt   zu Spaß und Lust verleiten!
Und geh ganz nah bei mir,   ich wandre neben dir!

Lass, wenn der Abend kommt,   uns auf den Weg uns machen
und Arm in Arm zu zweit   noch sprechen, schweigen, wachen!
Bleib bis zum Morgen hier,   und leb die Nacht mit mir!

IM MÄRZEN UND MAIEN

Er stand am Rand
von Meer und Land.

Sie selber fand
zum selben Strand.

Und hätte sie ihn angesehn,
so wäre es um ihn geschehn.
Und hätte er sie angeschaut,
so hätte es sie umgehaut.

Und beide gingen Hand in Hand,
verbunden durch der Liebe Band
und von der Sonne braun gebrannt,
am selben Strand im selben Sand.

Doch sie kam leider erst im Mai.
Doch er kam leider schon im März.
Im Mai war längst der März vorbei.
So kam zum Herzen nie das Herz.

So blieb man dann – sie: unbemannt,
er: unbeweibt – sich: unbekannt.

MEIN LIEBER MEIN LIEBES

Die Franka sitzt
auf einer Bank.
Sie guckt verschmitzt
nach ihrem Frank.

Und der, verschwitzt,
vor Liebe krank,
kommt schon geflitzt
und Gott sei Dank:

Da ist sie ja!
Ja, er ist da!
Er nimmt sie fest

in seinen Arm.
Sie hat ein Nest:
Er hält sie warm.

VIER HERZEN VON HERZEN

Seht nur meine Herzeleide
in dem sommersüßen Kleide
aus der rosaroten Seide –
ach, wie lieben wir uns beide!

Dann sind da auch noch die Heide-
rose und die Heidelinde
mit dem vaterlosen Kinde –
ach, wie liebe ich sie beide!

Dann ist da noch eine Heide-
marie und ach, ich lieb auch die!

Und ich schnitze und ich schneide
in die jugendglatte Rinde
einer hoffnungsgrünen Weide
oder ebensolchen Linde
in der Lüneburger Heide
nun vier Herzen ein für sie.
So vergesse ich sie nie.

Ach, kuck mal, da kommt Annemie!

AUS LIEBE ZUR LIEBE

Sag nimmer netten, hübschen, jungen Damen,
sie seien aber blond! Sei nicht so dumm!
Sie nähmen es dir wohl für immer krumm!
Sie kämen nicht mit Szenen, sondern Dramen!

Gib ihnen lieber lauter zarte Namen,
wie Liebchen, Mäuschen, Häschen, Bienchen! Summ
lieb, was du kannst, ins kleine Öhrchen! Brumm
leis, was du hören möchtest, Möhrchen! Amen!

Und meide Wirklichkeit und Wahrheit, um
es dir mit ihnen nicht gleich zu verscherzen:
die Lügen lassen leichter sich verschmerzen!

Sie wollen mehr nicht als nur lieben, drum
hab keine Angst, hab Mut, und hab den Mumm:
Lüg leeres Zeug von ganzem vollen Herzen!

AN BRUNNEN VOR TOREN

Am Brunnen vor dem Tore
im schönen, schlichten Kleid
sitzt seufzend Leonore,
seufzt sitzend sie ihr Leid.

Sie seufzt um einen Ritter.
Sie seufzt um einen Mann.
Das Leben ist oft bitter.
Es biss noch keiner an.

Und keiner kam vorüber.
Und keiner kam vorbei.
Sie weint, ich lache drüber.
Mir ist das einerlei.

DURCH WÄLDER UND AUEN

Durch die Wälder, durch die Auen,
durch die Felder, durch den Hain,
über Stock und über Stein
wandre ich mit tausend Frauen,

wandre ich wohl unter blauen
Himmeln, um von nah bis fern
auf der Welt und jedem Stern
und in Stadt und Land zu schauen,

wo du tausenderste bist!
Ach, ich sollte mich was schämen,
mich was ändern, mich was grämen!

Ach, ich bin ein Chauvinist,
wie man das als Mann halt ist!
Werd die tausendzweite nehmen!

VON FRAUEN UND FRÖSCHEN

Manche späte Mädchen schlittern
um die Brunnen, und sie reißen,
ruckeln, rütteln an den Gittern,
Ball tief in den Schacht zu schmeißen,
um die Frösche zu beschwören
und als Prinzen zu betören.

Manche späte Mädchen beißen
auf die Lippen, und sie zittern
um das Nahn von strahlend weißen,
schmucken, schönen, starken Rittern,
die als Helden sie erhören
und zum Weibe sie erkören.

Ob aus München, ob aus Meißen,
ob sie Maus, ob Mimi heißen –
sie verknöchern und verknittern,
sie verschlacken und verschleißen,
sie verblühen und verbittern,
sie verwelken und verwittern.

VON OPAS UND OMAS I

Heute wird es Opa glücken!
Heute wird der bunte Hund,
wird der tolle olle Hecht
sich 'ne frische Oma pflücken

und sich mit der Oma schmücken.
Und der ewig junge Spund –
oh là là, nicht schlecht, Herr Specht! –
wird die Oma an sich drücken.

Leider hat er es im Rücken,
hat auch schon gar manche Lücken
auf dem Schädel und im Mund.

Leider geht er längst an Krücken.
Und die Oma – welch ein Fund! –
lacht: Nein, nie aus freien Stücken!

VON OPAS UND OMAS II

Schwarze Stille herrscht im Heim.
Zu der Oma schleicht der Opa.
Komm, ich zeige dir Europa!
Geht sie ihm wohl auf den Leim?

Opa flüstert ganz dicht beim
Ohr und hält die Hand der Oma,
und er spricht von Wien und Roma,
und er macht sich seinen Reim.

Opa sieht sich insgeheim
als den schlimmsten, abgefeim-
testen Weiberheld trotz Stoma.

Opa plaudert ungezwungen.
Oma lässt ihn notgedrungen.
Oma schweigt. Sie liegt im Koma.

DAS ENDE DER FESTE

Schluss mit fröhlich frohen Festen,
mit Hallo, Hurra und Gästen
und am liebsten, schönsten, besten

Schluss mit Reden, Ratschen, Tratschen,
Schluss mit Klönen, Klatschen, Quatschen,
Schluss mit Tändeln, Tanzen, Trinken!

Man kann auch ganz andre Sachen
mit viel Lust und Liebe machen!
Neue Abenteuer winken:

Haus und Hof und Garten hegen,
Hund und Katz und Kinder pflegen,
Keller feudeln, Speicher fegen,

ordnen, sichten, räumen, richten
und im Bad die Fugen dichten
und im Beet die Stauden lichten,

schrubben, scheuern und polieren,
reparieren, renovieren
und die Küche tapezieren,

Löcher flicken, Läufer klopfen,
Socken stricken, Strümpfe stopfen
und den Philodendron topfen,

Pflaumen pflücken, Rüben hacken,
Schränke rücken, Kuchen backen,
Treppen schleifen, Türen lacken,

Möbel beizen, Fenster putzen,
Öfen heizen, Hecken stutzen,
Rosen schneiden, Rasen mähen,

Betten schütteln, Laken glätten,
Hemden stärken, Hosen plätten,
Schuhe bürsten, Knöpfe nähen,

Gehsteig, Gosse, Gasse kehren,
Nachwuchs in die Schule bringen
und die Kleinen Mores lehren,

mit dem Waldi Gassi gehen
und dann auch vor allen Dingen
mal nach meiner Mama sehen.

Was du, Liebes, tust, das tu
gründlich, ordentlich, in Ruh,
achtsam, sorgsam, Stück für Stück!

Und jetzt auf! und los! nur zu!
Ich wünsch Kraft und Mut und Glück.
Ich komm dann im Herbst zurück.

MIT EIFER ZU WERKE

Höchste Zeit, jetzt baldigst ohne Bangen,
ohne uns nur um uns selbst zu drehen,
ohne uns nur selbst im Weg zu stehen,
voller Kraft und Mut nun anzufangen!

Höchste Zeit, jetzt gleich und unbesehen
Dinge, die uns beide anbelangen,
die bis heut wir noch nicht angegangen,
voller Kraft und Mut nun anzugehen!

Zeit, zu rühren sich und sich zu regen,
Herz und Hirn und ach den alten trägen
Hintern wieder einmal zu bewegen!

Zeit, mit festen Händen loszulegen!
Schatz, mach du schon mal die Hütte sauber!
Ich such erst noch meinen Akkuschrauber!

AN EINE WIE KEINE

Ich solle dich grüßen,
o du meine Süße!
Von wem? Deinem Süßen!
Und jetzt schöne Grüße!

Ich meinte, du Feine,
du seist doch die Meine.
Er meinte, du Kleine,
du seist doch die Seine!

Du warst allen beiden die Eine!

Wir waren nur deine
au! weh! Zeitvertreibe.
Und nun bitte bleibe
du immer alleine.

So kommen die Dinge ins Reine!

Und jetzt letzte Küsse!
Und zwei letzte Tschüsse!

VON KRISEN IN KÜCHEN

Erst tat man sich vermählen.
Dann tat sie ihn belügen.
Dann tat sie ihn betrügen
mit Männern, nicht zu zählen.

Sie tat ihn grausam quälen.
Sie tat ihn leiden lassen
an Männern, und zwar Massen.
Heut würd er sie entseelen.

Sie stand in ihrer Küche.
Stark rochen die Gerüche.
Tat was der Suppe fehlen?

Er stand mit seinem Messer.
Sie kannte ihn bloß besser.
Kommst du Kartoffeln schälen?

EIN MORGEN MIT FRAGEN

Wie? Es ist an der Zeit jetzt aufzuwachen?
Was sagst du? Ich nicht noch mal anders drehen?
Was soll ich? Nun dem Tag ins Auge sehen?
Wie? Ich ein Witz und echt nur mehr zum Lachen?

Wie? Es ist an der Zeit jetzt aufzustehen?
Was sagst du da von meinen sieben Sachen?
Was soll ich mit den sieben Sachen machen?
Wie? Weite suchen? Leine ziehen? Gehen?

Was heißt: Wenn du nicht gehst, dann gehe ich?
Das heißt: Wenn ich nicht gehe, dann gehst du?
Und was: Ich hasse dich? Du hassest mich?

Und was: Die Ohren auf? Die Klappe zu?
Und ein für alle Male, unterm Strich?
Ach, lass uns doch mit deinem Schmu in Ruh!

DIE LAGE DER DINGE I

Sind uns die Dinge nur mal so entglitten?
Wir fanden, du und ich, mit unsren Tritten
beim Tanzen selten noch zu rechten Schritten.
Und da war Schluss mit unsrem: Darf ich bitten?

Wir standen ganz verloren da inmitten.
Wann hat bloß welcher Teufel dich geritten?
Wann fuhrst zu welchem Zweck du mit mir Schlitten?
Ich ahnte schon: Es gibt wohl einen Dritten.

Wir machten Saft. Holst du mir dort die Quitten?
Ich dachte: Sind das jetzt die neuen Sitten?
Du sagtest: Er zieht sowieso nach Witten.

Wir haben uns noch nicht mal mehr gestritten.
Wir haben auch noch nicht mal sehr gelitten.
Am Abend gab es Schnitzel dann mit Fritten.

DIE LAGE DER DINGE II

Die Dinge sind uns nur mal so zerbrochen.
Ich schrie, du schlugst, wir leckten unsre Wunde.
Hau ab! und Lass mich! Geh doch vor die Hunde!
Man warf sich weg wie einen alten Knochen.

Und nun kommst du nach diesen vielen Wochen
und kommst mit einem Mal vor einer Stunde,
als ging es gleich in eine nächste Runde,
als wär rein nichts geschehen, angekrochen.

Ein sanftes Seufzen schwebt aus deinem Munde.
Es scheint, als hättest Lunte du gerochen,
als hättest du von einer Andren Kunde.

Wir sind nicht mehr – und warn so nie im Bunde.
Wir haben kein Versprechen je gebrochen.
Wir haben uns ja nie etwas versprochen.

ZU ZEITEN AN ORTEN

Wir haben uns, du mich, ich dich, gefunden
in einer von Millionen von Sekunden.

Wir haben uns, du dich an mich, ich mich an dich, gebunden
in einer unsrer schönen schwachen Stunden.

Uns ist der Zauber und der Bund gebrochen
nach reichen Tagen, reichen Nächten, Wochen.

Wir fanden eine andre, einen andern,
um von da an von dem zu dem, von der zu der zu wandern.

Wir sind von Tisch zu Tisch, von Bett zu Bett gekrochen,
wir haben uns nicht mehr gesehen und gesprochen.

Ich denke noch an dich und mich und Flandern.

DAS ZAGEN AN ZÜGEN

Verliebt bis über beiden Ohren?
Ich stand im Pulk an Gleis 1 A.
Der Zug fuhr ein. Du warst nicht da.
Und rings der Lärm. Ich war verloren

und durch den Wind. Ich war verfroren.
Der Zug fuhr los. Ich stand. Ich sah.
Da bist du ja! Da bin ich, ja!
Klang es nicht hohl, unausgegoren?

Wie geht's? Wie steht's? Ach! So lala!
Und selbst? Und sonst? Was Neues? Na?
Nein, nichts. Und dies. Und das. Bla bla.

Man hat sich dann auch nichts geschworen.
Man war so fremd und fern so nah.
Man blieb so sicher, ungeschoren …

DAS SUCHEN NACH NEUEM

Darf ich bitte, darf ich bitten?
Lass uns bitte, lass uns streiten,
wie wir uns noch nie gestritten,
es gab ja nur gute Zeiten!

Lass uns schimpfen, lass uns fluchen!
Lass uns schmähen, lass uns höhnen!
Und danach lass uns versuchen,
uns auch wieder zu versöhnen!

Doch davor lass wild uns schäumen!
Nur weil wir uns innig mögen,
nie belögen, nie betrögen,

wollen Streit wir nicht versäumen!
Schrei mich an, Schatz, sei so nett!
Ich schenk dir dann dies Sonett!

VON KRONEN UND THRONEN

Bin ich die Erde,   bist du die Sonne.
Bist du die Erde,   bin ich der Mond.
Um dich zu kreisen,   ist nichts als Wonne!
Ich frage gar nicht,   ob es sich lohnt.

Bin ich der König,   bist du die Krone.
Bist du die Kön'gin,   bin ich der Thron.
Wenn nur dir nahe,   dir nah ich wohne!
Bei dir zu weilen,   ist mehr als Lohn.

Bloß kümmert dich das   echt nicht die Bohne!
Du lachst ganz leise,   du lachst mir Hohn.
Du gehst wohl lieber,   geh heim, mein Sohn!

Uns beiden geht es   doch recht gut ohne
den andren, sagst du   sehr leicht im Ton.
Okay, sag ich da,   ich geh ja schon …

VON NEHMEN UND GEBEN

Ich hab dir einst mein Herz geschenkt;
du hast es gern genommen.
Von dir ist nichts gekommen.
Und doch war mein Herz nicht gekränkt.

Ich hab mein Herz in deins gesenkt;
es ist wohl drin versunken.
Es ist wohl drin ertrunken.
Du hast in dir mein Herz ertränkt.

Ich hab noch immer eingelenkt:
Wenn du das willst! Beklommen
bin ich noch immer eingeschwenkt.

Mein Herz, wenn man es recht bedenkt,
mein Herz, du hast mein Herz gehenkt.
Was war dir Nutz und Frommen?

ALS ERSTES UND LETZTES

Lass es nicht als Liebe gelten!
Lass es uns als Laster schelten!
Liebe ist so rar und selten.
Zwischen Leuten liegen Welten.

Gut ist es, allein zu sein,
statt zusammen und gemeinsam
ganz allein zu sein und einsam,
ganz allein zu sein zu zwein.

DIE SONNE AM ABEND

Der Sommer stand im glänzend grünen Kleide.
Der Himmel war aus leuchtend blauer Seide.
Die Kühe lagen kauend auf der Weide.
Und auf den Feldern wogte das Getreide

und harrte, dass der Bauer es bald schneide.
Hoch auf dem Hügel vor des Weges Scheide,
im Schatten an der hohlen alten Weide,
da standen wir und schwiegen lange beide.

Sag nichts! Und schwör uns keine falschen Eide!
Was wär wohl noch, das man dem andren neide?
Was wär wohl noch, das man nicht besser meide?

Doch eines bitte glaube mir: Ich kreide
es dir nicht an, wenn ich auch jetzt grad leide …
Am Abend glomm die Sonne wie Geschmeide.

V

VOM LEBEN

VON BLICKEN AUS SPIEGELN

Im Spiegel steht ein fremder Mann.
Der sieht sehr dreist und dumm mich an –
mit einem Haar auf seiner Nas
(sieht fast so aus, als wär ich das)
und einem Bart auf seinem Kinn
(sieht fast aus, als ob ich das bin).
Da geh ich schnell mal um das Eck –
Weg ist der Mann. Und ich bin weg.

VON SPIEGELN AN WÄNDEN

Spieglein, Spieglein an der Wand!
Immer alt und immer neu,
immer traut und immer treu –
ach, wie ich mich an dir freu!

Spieglein, Spieglein an der Wand!
Du fandst mich, wie ich dich fand,
als mein Bild in deinem Rand –
Gruß aus einem fremden Land!

Spieglein, Spieglein an der Wand!
Nie zeigst du mir jemand sonst,
seit du, wo ich wohne, wohnst!

Spieglein, Spieglein an der Wand!
Ich hab mich in dir erkannt,
und das ist doch allerhand!

EIN ANDRER VON ALLEN

Und wäre ich vielleicht nicht ich,
ich wäre vielleicht er.
Und wäre ich vielleicht nicht der,
ich wäre vielleicht du.

Das sorgt und drückt und ängstigt mich!
Was wäre da noch mehr?
Wo wäre das und mehr wohl her?
Das setzt mir ziemlich zu!

Und wäre ich vielleicht nicht wir
und wäre ich ein andrer,
ich wanderte vielleicht zu dir.

Ich wanderte weit weg von mir
wirr wieder weiter in die Irr,
ein weitrer fremder Wandrer.

DAS WANDERN DAS WANDERN

Ach, ihr meine beiden Füße,
wandert weiter durch die Welt!
Sagt der Welt, dass ich sie grüße,
weil sie so treu zu mir hält!

Wandert weiter auf den Wegen
unter Gottes Himmels Zelt!
Ja, ich geb euch meinen Segen,
wenn der, den ihr tragt, nicht fällt!

Wandert weiter, immer weiter,
fort und fürder, ohne Ende,
wandert, wandert Schritt für Schritt!

Wandert frisch und froh und heiter,
und nehmt Kopf, Rumpf, Arme, Hände,
nehmt den ganzen Kerl gleich mit!

DAS SINNEN VON SINNEN

Menschen sinnen hin und her,
ob vielleicht, wer weiß, wohl in
ihrem Leben auch ein Sinn,
auch ein Sinn zu finden wär.

Menschen sinnen her und hin,
tief und tiefer, kreuz und quer,
ob ihr Leben vielleicht leer,
leer wär und kein Sinn darin.

Du sollst selber deinem Leben
Deutung und Bedeutung geben!
Sag dir, so du sinnst: Ich bin

für mich selber und die andern,
die mit mir durchs Leben wandern,
immer wieder ein Gewinn!

VON RUHEN UND REGEN

Ich denke und dichte. Ich reime auf Regen:
Ob draußen ob drinnen: sich regen bringt Segen.
Ich dichte und denke: Ich sollte deswegen
mal besser mal öfter mich selber bewegen.

Ich stehe auf. Ich fange an zu stehen.
Ich stehe nun. Ich fange an zu gehen.
Ich gehe nun. Ich kann das Gehen sehen.
Nur tut in mir die ganze Welt sich drehen.

Ich ging zu sehr. Ich muss der Ruhe pflegen.
Ich würd gern sitzen. Doch das wär wohl gegen
den Sinn der Sache. Drum werd ich den trägen
Leib jetzt statt ihn zu setzen lieber legen.

VON SCHLAFEN UND WACHEN

Morgens, erstens, zehn nach acht,
war so müde aufgewacht.

Morgens, zweitens, acht nach zehn,
war zu müde aufzustehn.

Später, drittens, elf, zwölf, eins,
gab es Frühstück leider keins.

Später, viertens, so um zwei,
war das Frühstück einerlei.

Weiter, fünftens, so um drei,
war im Kopf nur Blech und Brei.

Und um vier, um fünf, um sechs
gab es sechstens nicht mal Keks.

Siebtens bin ich auch um sieben
treu und brav im Bett geblieben.

Und dann war es achtens acht,
hab kein Auge aufgemacht.

Bis um neun und bis um zehn
ist wohl neuntens nichts geschehn.

Und um elf, zwölf, eins, zwei, drei
zog die Nacht wie nichts vorbei.

Vier, fünf, sechs und sieben, acht
flog vorbei wie nichts die Nacht.

Und so kann man dann Punkt neun
zwölftens auf den Tag sich freun.

VON WACHEN UND SCHLAFEN

Der runde Mond weilt überm Haus
und wirft aufs Haus ganz hell viel Schein.
Da schläft man schlecht, schläft schlecht man ein.
Dann schlafen wir halt morgen aus!

Die Sonne scheint mit hellem Schein
am Morgen hell ins Haus hinein
und morgens hell herein ins Haus.
Wie können wir da schlafen aus?

Und drinnen, droben, drunten und
auch draußen finden keinen Schlaf
zu später und zu früher Stund
der Mann, das Weib, der Wolf, das Schaf
und, weil der Reim es will, der Hund.

VON ZITTERN UND ZAGEN

Lass geschehen, was geschehen
mag und kann und soll und muss!
Sonst, mein Freund, wirst du zum Schluss
dir nur selbst im Wege stehen.

Lass den Wind, wie er will, wehen!
Tag und Nacht sind gern im Fluss.
Gib dem Morgen einen Kuss!
Lass das Karussell sich drehen!

Und mehr werde ich nicht sagen.
Ach ja, achte auf den Magen!
Lass dir nichts auf selben schlagen

und nicht Kummer an dir nagen!
Hör jetzt auf mit deinen Klagen!
Das ist alles. Sind noch Fragen?

DER WANDEL DER ZEITEN

Zukunft kommt, und Zukunft geht.
Zukunft bleibt nicht, bitte seht!
Zukunft stirbt, vergeht, verweht!
Zukunft mit dem langen Bart:
Zukunft foppt, und Zukunft narrt.
Wer verstehen mag, versteht!

Doch von einer andren Art
ist des Menschen Gegenwart:
Tag für Tag und ganz im Heute
frisch und neu und jung und zart,
dir und mir und euch, ihr Leute!

Zukunft wird Vergangenheit.
Gegenwart hat Ewigkeit.

DAS LEBEN DER LEUTE

Manche Leute leben heute –
wie so viele andre Leute.

Manche Leute lebten gestern –
so wie Peters tote Schwestern.

Manche Leute werden morgen
leben – mit und ohne Sorgen.

Fragt sich jetzt: Nur – wer ist Peter?
Peter Struwwel! Pfui! Dort steht er!

VON KÖPFEN UND BÄUCHEN

Der Kopf ist leer,
der Bauch ist voll,
das find ich doll,
das freut mich sehr!

Der Kopf ist voll,
der Bauch ist leer,
das fällt mir schwer,
das flutscht schlecht, woll?

Ist Kopf, ist Bauch, ist beides leer,
das nagt, das nervt, das ärgert mehr!
Das nennt kein Mensch nie nimmer toll!

Holt Wein und Weib und Würste her!
Ist Kopf, ist Bauch, ist beides voll,
ist gut, ist geil, ist super, LOL!

EIN MÜESLI AM MORGEN

Samen, Saaten, Keime, Sprossen,
Kleie, Breie, Körner, Kerne
mögen wir nicht grade gerne,
halten wir heut streng verschlossen.

Weizen, Roggen, Gerste, Dinkel,
Hafer, Hirse, Amaranth
haben wir heut strikt verbannt
in den letzten dunklen Winkel.

Popcorn, Marshmallows, Baiser,
Zucker, Honig und Banane
und ein Häubchen süßer Sahne
mögen wir sehr gern! Juchhe!

Drüber dann viel Schokolade!
Ja, so soll ein Müesli sein!
Solch ein Müesli, das schmeckt fein!
Auch noch eine Limonade!

VON BRATEN UND BRATLING

Essen Sie nie Huhn und Schwein?
Essen Sie nie Lamm und Rind?
Weil Sie Tierliebhaber sind?
Tier zu essen, ist nicht fein?

Mögen Sie statt Müesli kein
Kotelett, Kleie nur und Klee,
Wild nie, Hirsch nie oder Reh?
Tier zu essen, muss nicht sein?

Fleisch, Geflügel und auch Fisch
bringen Sie kaum auf den Tisch
summa summarum summarisch?

Fangen Fliegen Sie und Mäuse?
Morden Mücken Sie und Läuse?
Finden Sie das vegetarisch?

BEI KAFFEE UND KUCHEN

O welcher Schmerz! O welche Schmach!
Das Messer in die Torte stach
und Stück für Stück in Scheiben schnitt
die Torte, die da leise litt.

Dann kam die Gabel ganz gemach
und Stück für Stück in Brocken brach
die Torte, die ums Leben stritt.
Dann Mund! Dann Schlund! Igitt! Igitt!

Da wurde jeder Gaumen schwach.
Ein Krümel floh mit Ach und Krach.
Das Andre runter ging den Bach.

Es half kein Weh! Es half kein Ach!
Es schwand die Torte nach und nach
im Kloster von Maria Laach.

VON ESSEN UND FRESSEN

Hat es wieder nicht gegessen,
weil beim Essen nichts ihm schmeckt,
weil es nur noch Schoko schleckt:
solch ein Kind nennt man vermessen!

Aß es wieder ganz besessen,
weil es alles in sich steckt,
weil beim Essen nichts es schreckt:
solch ein Kind nennt man verfressen!

Wenn es aber gar nicht isst,
nicht mal einen Bissen Brot,
schrumpft es, stirbt es und ist tot.

Wenn es aber zu viel frisst,
süß und sauer jeden Mist,
schwillt es, bis es auch tot ist.

NICHT SAUER MEIN BAUER

Wie bist du sauer, saures Kraut!
Du saures Kraut, wie bist du sauer!
Du blähst die Bäurin und den Bauer
und blähst sie beide lang und laut.

Der Himmel lacht! Der Himmel blaut
und leuchtet blau und immer blauer!
Im Darm ist jetzt das Wetter rauer
und gärt und gast und braust und braut.

Ein jedes Ding hat seine Dauer.
Doch ehe noch der Morgen graut,
da bricht ein Schwall durch Schall und Mauer.

Und, Bauer, Bäurin, beide schaut!
Da liegt, was gestern kämpft und krampft,
in einer Schüssel Klo und dampft!

VON HUNDEN IN KÜCHEN

Ein Hund kam in die Küche –
er kam grad so vorbei.
Ihn lockten die Gerüche –
er stahl dem Koch ein Ei.

Er stahl ihm nicht nur eines –
er stahl ihm gleich noch zwei.
Weil eines ist wie keines –
er stahl ihm auch noch drei.

Das waren Eier sechse.
Das gab sehr viel Geschrei.
Der Koch rief: Das ist Hexe-,
das ist wohl Hexerei!

An einem von sechs Tagen
schuf Gott der Herr das Ei.
Und kein Hund hörte ihn sagen,
dass Ei für Hunde nichts sei.

DIE LIEBE ZUR MUSIK

Musik, mit deinen vielen schönen Tönen
kannst du die Welt von Greisen bis zu Gören
und alle Menschen immer neu betören.
Wir tun dir drum mit offnen Ohren frönen.

Musik, mit deiner schönen Töne Chören
kannst du die Welt wohl immer neu verwöhnen
und alle Menschen, Greis und Gör, versöhnen.
Wir tun dich drum mit offnen Ohren hören.

Musik, man möchte echt gern auf dich schwören
und dich zur Königin der Klänge krönen.
Doch kannst du leider oft auch sein zum Stöhnen!

Musik, mit deinem derben Drang zum Dröhnen
kannst du den Menschen manches Mal sehr stören.
Denn manches Mal will Mensch nichts als nur klönen!

VON MÄNNERN UND FRAUEN

Morgens sitzen Frauen vor den Spiegeln,
die die Haare kämmen, Lippen röten,
schminken, Wangen färben, Falten töten.
Frauen sind ein Buch mit sieben Siegeln.

Abends stehen Männer in den Gassen,
reden, raunen, rauchen an den Ecken.
Ist nichts los heut mit uns alten Säcken!
Darauf kannst du einen fahren lassen!

Frauen, macht, was Frauen machen müssen,
treffen, tratschen, klatschen, Frösche küssen
mit wer weiß wohl was für holden Zielen!

Männer gehen eben lieber kegeln,
einen trinken, golfen, rudern, segeln,
Fußball, Handball oder Karten spielen!

VON ALPEN UND ALMEN

Trotz dem Gut und Geld und Gold und Geiz –
auch die Schweiz als Schweiz hat ihren Reiz!

Denken wir nur an die Schweizer Berge,
Berge für die echten Schweizer Zwerge.
Denken wir nur an die Schweizer Wiesen,
Wiesen für die echten Schweizer Riesen.
Denken wir auch an die Schweizer Seen,
Seen für die echten Schweizer Feen,
welche nachts und nächtens ungesehen
nackig nackert nackend baden gehen.
Denken wir auch an die Schweizer Täler
zwischen Alpen – eben auch kein Fehler.

Denken wir auch an die Schweizer Kühe,
welche in der ersten Schweizer Frühe
in der Schweizer Sonne ohne Mühe
auf den schönen grünen Schweizer Almen
an den schönen grünen Schweizer Halmen
rupfen reißen mampfen mahlen malmen
und mit ihrer schönen Schweizer Glocken
Klängen andre Schweizer Kühe locken,
welche gleich mit schönen Schweizer Glocken
auf den andren Schweizer Hängen hocken.

Denken wir auch an die Schweizer Städte,
welche uns die Schweiz zu bieten hätte,
erstens an das schöne grüne Bern,
zweitens auf Bern reimend an Luzern,
drittens an das feine teure Zürich,
jenen Reiz der reichen Schweiz dort spür ich,
viertens Basel Brunnen Murten Mürren,
dort kann gleich den Reiz der Schweiz man spüren,
Brig Buchs Biel und Bienne Montreux Lausanne,
wo hört Schweiz auf? und wo fängt Schweiz an?
Schwyz Zug Thun Sankt Moritz und Sankt Gallen
und Lugano mag zur Not gefallen.
Und von Flims und Flums, von Mels und Chur
bis nach Freiburg und bis nach Fribourg
und bis Genf und bis Genève ist nur
viel Beton und Asphalt und Natur
und im guten Schweizer Käse Loch an Loch –
was will mehr man? und was will man noch?

Und in allen Schweizer Schluchten nisten
Monstren wie Migranten und Touristen,
die auf keinem Schweizer Gipfel fehlen
und den Schweizern Luft zum Atmen stehlen.

Und ich reime jetzt zum Schluss nicht wieder,
was sich reimen würde auf die Schweiz:
Hei, hier schneit es! hei, es schneit! hier schneit's!
sondern: Schnee sinkt auf die Schweiz sanft nieder …

VON FERNEN UND FREMDEN

Kennen, sagen Sie, Sie Friesen?
Und was wissen Sie von diesen?

Alle Friesen trinken Rum.
Alle Friesen trinken Tee.
Friesen füllen, gar nicht dumm,
Tee in Rum, Rum in Tee um.

Und das trinken sie so in
Wind und Wetter, Sturm und Schnee,
sommers, winters und auf See,
dann und wann mit Kandis drin.

Und das trinken sie ganz gleich
auf und vor und hinterm Deich.
Und das trinken sie sehr viel
rund um Neuharlingersiel.

Morgens gibt es Watt und Fisch,
Watt so platt und Fisch so frisch!

Sieht man sie von Süden her,
sieht man sie gen Norden mehr.
Sieht man sie von Norden an,
sitzt man wohl auf einem Kahn.

Abends gibt es Fisch und Watt,
Watt so frisch und Fisch so platt!

So! Jetzt wissen Sie von diesen
Fremden alles, diesen Friesen!

VON WOGEN UND WELLEN

Ein Herr stand mitten auf dem Meer.
Und rief: Ich kann auf Wasser stehn!
Und rief: Es kann der Letzte sehn!
Seht, Leute, seht doch hier mal her!

Und seht nur her! Ich schaff noch mehr!
Ich kann auch auf dem Wasser gehn!
Ich kann mich selbst auf Wogen drehn!
Ich bin wohl Er! Ich bin der Herr!

Und tat nun einen kleinen Schritt.
Und unter Wellen glitt der Tritt.
Und sank so schwer und schwand so sehr

und sog den ganzen Schreihals mit.
's war nicht der Herr! Auf Treu und Ehr!
Auf Schritt und Tritt war's ein Herr Schmidt!

VIER FRAUEN IM FREIEN

Vier Frauen stehen vor dem Haus.
Die erste sagt: Dort geht doch Klaus!
Die zweite sagt zur dritten: Aus?
Die vierte fehlt. Sie kommt gleich raus.

Vier Frauen warten auf den Bus.
Die erste winkt mit Hand und Kuss.
Die dritte sagt zur zweiten: Schluss!
Die vierte fehlt auch jetzt. Sie muss.

Vier Frauen sitzen auf der Bank.
Die zweite sagt: Na, wenn er trank.
Die dritte sagt: Nur, weil er krank.

Es war kein Klaus. Es war ein Frank.
Die vierte sagt: Puh, wie das stank!
Vorbei, vorüber, Gott sei Dank!

VI

VOM STERBEN

ZWEI REIME VIER VERSE

Ihr naht euch wieder, ewig alte Ängste?
Um mich zu schocken und um mich zu schrecken?
Ihr schockt und schreckt mich nur nicht ums Verrecken!
Ihr armen Ärmsten! Ich und Ängste? Denkste!

VON ANFANG BIS ENDE

Da ist die Nacht,   da bist du nicht.
Es kommt der Tag,   du kommst ins Licht.
Dann tust du dies,   dann tust du das.
Dann bist du wer,   dann hast du was.
Nichts bremst die Fahrt,   nichts hemmt die Sicht.
Du machst gern Spaß,   du gibst mehr Gas.
Du kennst kein Maß,   du beißt ins Gras.
Das Blut, es stockt,   der Blick, er bricht.

Das ist der Schluss.   Der Schluss ist schlicht.

VON EINEM UND VIELEM

Das Leben hat so viel bereit
an Bergen hoch und Himmeln weit,
an Tälern tief und Meeren breit.
Das Leben gibt dir Raum und Zeit.

Mal gehst du nackt und mal im Kleid,
mal fühlst du Lust und mal auch Neid,
bist mal allein, bist mal zu zweit.
Das Leben macht das ganz gescheit.

Das Leben hält die Welt im Lot.
Es schenkt dir Wein, es schenkt dir Brot,
es schenkt ein Ende Ewigkeit.

Es schickt dir Glück, es schickt dir Not,
es schickt dir Freud, es schickt dir Leid.
Es schenkt dir einen, deinen Tod.

VON LEBEN UND STERBEN

Wir werden eines schönen Tages tot sein
und werden es von dem Tag an auch bleiben.
Und keine Angst vorm Sterben wird uns treiben,
und nie wird unser Leben noch in Not sein.

Das Morgenrot wird weiter morgenrot sein.
Man wird auf einen Stein den Namen schreiben
und eine Träne aus dem Auge reiben,
und alles wird für alle wohl im Lot sein.

Kein Zürnen mehr, kein Zagen, kein Erzittern!
Kein Kämpfen mehr, kein Klagen, kein Erbittern!
Vermodern wird der Leib, das Grab verwittern,

und Fremde werden durch ihr Leben schlittern.
Wir werden tot sein in Unendlichkeit
und mit der größten Selbstverständlichkeit.

DIE BLÄUE DES HIMMELS

Ich weiß, wie unter mir die Welt sich bog,
wie über mir das Blau in Stücke sprang
und wie ich stand und starrte, ewig lang,
und wie mich ein Das ist nicht echt! belog.

Und wie mich ein Das wär nicht recht! betrog
und wie ich stand und es zum Stehen zwang,
wie hart die Kälte in die Knochen drang,
als man den Körper aus dem Wagen zog.

Du bliebst bei mir in allen spätren Jahren,
in Einsamkeit, Gefährdungen, Gefahren.
Die Toten sterben nicht. Du bist noch da.

Die Stimme, Mimik, Gestik, das Gebaren,
sie blieben, wie sie auch schon früher waren.
Die Toten sterben nicht. Du bist mir nah.

AUS LIEBE ZUM LEBEN

Du fröntest deinem Hier und Jetzt beflissen
und hast gehurt, gesoffen und gefressen
und möchtest weiter lieben, trinken, essen.
Du hast dein Leben in den Dreck geschmissen.

Du fröntest deinem Hier und Jetzt versessen
und möchtest heute wider bessres Wissen
zum Schein vorm Feind die weiße Fahne hissen.
Du kannst den Tod nicht prellen noch erpressen.

Und nun wird recht und schlecht ins Gras gebissen.
Und nun wirst schleunigst du ins Nichts gerissen.
Du hast dein Leben, es hat dich verschlissen.

Du warst stets stolz, verwegen und vermessen.
Und Freunde werden dich wohl kaum vermissen.
Du wirst die Welt, die Welt wird dich vergessen.

VON EINMAL UND KEINMAL

Du lebst nur einmal, und du stirbst nur einmal,
und einmal wirst du tot nur sein, und keinmal
mehr wirst du hier zu uns je wiederkehren.
Doch dich wird alles das nicht mehr beschweren.

Die Leute werden weiter Reden halten,
die Jungen werden weiter wie die Alten,
die Erde wird sich immer weiter drehen.
Du wirst davon nichts hören mehr noch sehen.

Wenn Jahre wachsen um den Stamm in Ringen,
wenn Wurzeln sich um deine Knochen schlingen,
wird doch aus unsrer Welt nichts zu dir dringen,

und unsre Welt wird dich nicht mehr verdrießen.
Du wirst von was es sei gar nichts mehr missen
und auch von was es sei gar nichts mehr wissen.

SO WICHTIG SO NICHTIG

Eitel ist, o Mensch, des Menschen Streben!
Manches geht, und manches geht daneben.
Manches geht gar nie – so ist das eben.
Eitel ist, o Mensch, des Menschen Leben!

Und wer drunten ist, der wär gern droben.
Und wer droben ist, der blieb gern oben.
Alles ist am Leben kaum zu loben –
nicht im Kleinen noch auch im ganz Groben.

Alles Leben hat zum Schluss ein Ende!
Und so steht am Ende nun der Schluss:
Was am Ende enden muss, das muss!
auch wenn man es anders schöner fände.

DER KUMPEL IM SPIEGEL

Siehst du dort den Kerl im Spiegel?
Dir als Kumpel angeboren
gibt er dir, dem tumben Toren,
frisch und frech und unverfroren
ohne Gnade fest die Sporen!

Siehst du dort den Kerl im Spiegel?
Dich zum Kumpel auserkoren
und die Treue dir geschworen
hat er: du hast längst verloren,
und du bleibst nicht ungeschoren!

Siehst du dort den Kerl im Spiegel?
Kerl aus echtem Schrot und Korn,
kommt und kämpft er grad von vorn –
und ich geb dir Brief und Siegel:
ihr stoßt nicht ins selbe Horn!

Siehst du dort den Kerl im Spiegel?
Kerl aus echtem Korn und Schrot,
fängt und fasst er dich und droht –
und ich geb dir Brief und Siegel:
ihr sitzt nicht im selben Boot!

Sieh den Schurken, sieh den Schlot!
Alt, verbohrt, verrucht, verroht,
wirft die Welt er aus dem Lot!
bringt er Nichts und Nacht und Not!
Sieh gut hin: er ist dein Tod!

JE SPÄTER DER ABEND

Er kam und saß an meinem Tisch
und sprach: Was kann ich für dich tun?
Ich gab ihm Wein und Brot und Fisch
und dachte, lachte, sagte: Nun –

ich frage mich, ob du das willst,
wenn in der Tat die Stunde kommt,
dass du mir Durst und Hunger stillst,
und würdest du, ob es auch frommt.

Doch sicher wirst du nicht mehr wollen
und wirst ganz sicher nicht mehr fragen.
Denn sicher gehst du in die Vollen
und wirst zum Schluss dein Amen sagen.

Er runzelte die dürren Brauen.
Er murmelte: Hm, meinetwegen!
Nur – hast du, Freund, gar kein Vertrauen?
Was soll's. Viel war nicht dran gelegen.

DER IMMER MAL WIEDER

Kuckst du wieder durch die Hecke?
Willst wohl, dass ich mich erschrecke?
Willst wohl, dass ich mich verstecke?
Ist es das, du treuer Recke?

Kommst du wieder um die Ecke?
Machtest so gern mich zur Schnecke?
Brächtest so gern mich zur Strecke?
Dient dein Kommen nur dem Zwecke?

Denk du nicht, dass ich nichts checke!
Nein, ich weiche nicht vom Flecke!
Du und ich, wir alten Säcke

stecken unter einer Decke:
frönen beide meinem Leben!
Hätt ich's nicht, könnt ich's nicht geben!

VON HERZEN IN HERBSTEN

Es zwackt und zwickt, es zwickt und zwackt,
es zwickt und zwackt, es zwackt und zwickt –
das ist der Tod, der nach dir blickt,
das ist der Tod, der nach dir packt.

Es knackt und knickt, es knickt und knackt,
es knickt und knackt, es knackt und knickt –
das ist der Tod, der nach dir pickt,
das ist der Tod, der nach dir hackt.

Doch wenn's noch pocht, doch wenn's noch sticht,
doch wenn's noch sticht, doch wenn's noch pocht
in deinem Herz, flammt noch das Licht

auf deiner Kerz, flammt noch der Docht –
hat nichts vermocht der böse Wicht,
der böse Wicht hat nichts vermocht.

DIE STIMME DER STUNDE

Wer ist die Stimme,
die mich da ruft?
Wer ist der schlimme,
der üble Schuft?

Du armer Sünder,
mich kennst du nicht?
Ich bin dein Schinder,
du Wurm, du Wicht!

Ich bin nicht arm,
dass ich nicht lache!
Nur kein Alarm!

Und was ich mache,
ist meine Sache!
Hau ab nun, Drache!

DAS LEIDEN DES TODES

Was kommt da aus dem Dunkel hergekrochen?
Was will da humpelnd um die Ecke hinken?
Ein hohler Kittel voll von morschen Knochen,
und in der kahlen Fratze fehlt der Zinken.

Und auf der kargen Hüfte fehlt der Schinken,
und selten hat ein Wesen so gerochen.
Was kann da ohne echten Leib so stinken?
Was hast du armer alter Kerl verbrochen?

Ich bin dein Tod! Dein Tod kommt in die Jahre,
weil du dich weigerst, Bursche, hinzusinken
und brav dich hinzulegen auf die Bahre.

Man muss doch mir nicht mit dem Zaunpfahl winken.
Was ist mein Tod? Mein Tod ist nicht das Wahre!
Komm, Kumpel! Prost! Wir gehn jetzt einen trinken!

VON WEINCHEN UND BEINCHEN

Ach, ich sag es,
ach, ich klag es:
irgendeines bösen Tages –
und ich hoffe, erst in Jahren –

werd ich vor die Hunde gehen,
werd ich in die Hölle fahren
auf ein spätres Wiedersehen,
und ich habe keinen Trost!

Doch! Ich habe einen: Prost!
Hier ein Schöppchen, dort ein Weinchen
steigt ins Köppchen, sinkt ins Beinchen,

und ich wag es,
und ich mag es:
schon geht's besser – daran lag es!

VON RUHE IN FRIEDEN

Ich stand als stolze Eiche
in Sommer, Sturm und Schnee.
Mit mir ist's aus, o weh!
Ich bin nicht mehr der Gleiche.

Ich komm nicht mehr bei euche
Zu Kuchen, Keks und Tee.
Mit mir ist's aus, o je!
Ich bin schon hinterm Deiche.

Der Tod spielt üble Streiche.
Ich find das nicht okay!
Ich bin in seinem Reiche

nun nur noch eine weiche
und blass und bleiche Leiche.
Ich sag euch, ach, Ade!

VON BLÄTTERN AN BÄUMEN I

Vom Baum des Lebens fällt
mir leise Blatt um Blatt.
Du schöne bunte Welt,
du machst mich noch nicht satt.

Du machst nicht satt und müd,
du machst nicht müd und matt,
da doch das Leben glüht
dem, der das Leben hat.

Ich bin das Jammern leid.
Wem nützen die Tiraden,
das Zittern und das Zagen?

Wer braucht Jeremiaden,
das Weinen und das Klagen
über Vergänglichkeit?

VON BLÄTTERN AN BÄUMEN II

Ich hab ein Leben rund und voll
und leb es wild und wüst und toll.
Ich hab ein Leben voll und prall
mit Freunden viel und Frauen drall.

Ich hab mein Brot und Wein und Tanz,
die Welt ist gut und groß und ganz.
Ich hab mein Brot und Tanz und Wein,
die ganze große Welt ist mein.

Und kommt der Tod mir auch recht nah,
ist er auch nah, ist er nicht da.
Und kommt er in der Tat dann her,
dann bin ich selbst schon gar nicht mehr.

Mein finstrer Freund, lass mich dich segnen,
denn du wirst mir und ich werd dir,
ob da und dort, ob jetzt und hier,
doch Aug in Aug nie je begegnen!

Es tut nicht not, dass man so bangt,
weil man sich einstens nicht mehr hat!
Am Baum des Lebens hangt und prangt
noch Blatt um Blatt um Blatt um Blatt.

DIE MITTE DES LEBENS

In unsres Lebens Mitte
ist er, ja er, der Dritte.

Wenn er mit uns doch stritte!
Wenn er doch mit uns litte!
Wenn er ein Mal sich schnitte!
Wenn er vom Gaul selbst glitte
und selbst zu Tod sich ritte!

Uns hilft nicht Klag noch Bitte.
Nichts hemmt je seine Schritte.
Nichts hebt ihn aus dem Tritte.

Komm, Lieb, wir wollen das vergessen!
Wir haben eigne Interessen!
Komm, Lieb, wir wollen uns vermessen!
Wir werden jetzt den Apfel essen!

EIN HIMMEL VOLL GEIGEN

Der Tod hat eine kalte Hippe.
Der Tod wird immer mähen müssen.
Der Tod hat Zähne ohne Lippe.
Der Tod wird nimmer können küssen.

Der Tod hat eine alte Fiedel.
Der Tod wird bald den Bogen zücken.
Der Tod hat Knochen ohne Schniedel.
Der Tod wird keinen Tag sich pflücken.

Drum, Liebes, mach doch mit mir Zicken!
Kein Tod soll je am Zeug uns flicken!
Kein Tod soll uns zum Teufel schicken!

Wenn wir uns nah und näher rücken,
wenn wir ins Schloss den Schlüssel drücken,
wird uns, was ihm nie glückt, wohl glücken!

VON WEGEN UND ZIELEN

Die Zeit kann anders nicht als rinnen.
Die Zeit will anders nicht als rennen.
Und wenn wir Weg und Ziel auch kennen:
wir können nie und nichts gewinnen.

Und wenn wir kämpfen wie von Sinnen
und stets für unser Leben brennen –
und was wir immer noch begännen
und was wir immer doch beginnen:

Wir können nicht den Tod von hinnen
verjagen und in Liebe minnen
für alle Zeit. Die Zeit lässt binnen

sehr kurzer Frist das Blut gerinnen.
Man muss als Sinn des Lebens nennen
Liebe und Tod – kann sie nicht trennen.

DIE DINGE DES LEBENS

Freunde hört in froher Runde
Freunde hört aus meinem Munde
hört die unerhörte Kunde:
heute gehe ich zu Grunde!

Und ihr sollt auf leisen Sohlen
jetzt aus Küche Speicher Keller
Messer Gabeln Tassen Teller
alles was wir brauchen holen:

Hämmer Nägel Bretter Bohlen
Schippen Hacken Seile Spaten
Bier und Brot und Brät und Braten
Spieß und Grill und Holz und Kohlen,

Wild und Wurst und Schnaps und auch
Speck und Schinken aus dem Rauch
Kalb und Huhn und Gans und Fisch
Bänke Stühle Tuch und Tisch.

Und ihr sollt vor allen Dingen
jetzt gleich Tiegel Töpfe Pfannen
Flaschen Fässer Kruken Kannen
draußen auf den Acker bringen:

Äpfel Birnen Beeren Pflaumen
Obst und Käse hundert Sorten
Suppen Soßen Kuchen Torten
Schmaus für Zähne Zunge Gaumen,

Saft und Sekt und Sud und Kohl
Korn und Rum und Gin zum Wohl
Salz und Schmalz und Most und Wein
Klüpfel Eisen Stift und Stein.

Und ihr sorgt dass jeder komme:
Mann und Weib die ganze Bande
Mensch und Tier im ganzen Lande
Brave Böse Falsche Fromme,

Väter Mütter Kinder Kegel
Brüder Schwestern Vettern Schwäger
Neffen Nichten Nachbarn Neger
Onkel Enkel Kumpel Flegel,

Knecht und Magd und Herr und Frau
Katz und Ratz und Kuh und Sau
Groß und Klein und gut und gern
Jung und Alt von nah und fern.

Und wir essen fressen prassen
speisen spachteln schmatzen schmecken
schlemmen schlingen schlucken schlecken
was die Bäuche eben fassen.

Und wir prosten saufen trinken
Hoch mit Gläsern Krügen Bechern!
Hoch dem Zecher und den Zechern!
dass wir von den Schemeln sinken.

Und dann sind wir satt und blau
und es wird uns mau und flau.
Und dann ist es nicht mehr lang
und es wird uns angst und bang.

Und dann sind wir voll und breit
und wir tun uns leid so leid.
Und dann ist es nicht mehr weit
bis in alle Ewigkeit.

Alle hier in treuem Bunde
Hein schlägt eine letzte Wunde
Zeit schlägt meine letzte Stunde:
heute geh ich vor die Hunde!

Und wir zimmern eine Truhe
für des Toten sanfte Ruhe.
Und wir schaufeln eine Grube
als der Leiche stille Stube.

Und wir meißeln in den Stein
mit der Eile auf die Schnelle
edle hohe hehre helle
warme weise Worte ein:

Das ist Freund A B sein Loch!
Und bis grad ach! war er's noch.
Nun wird er's ach! nie mehr sein.
Ach welch armes armes Schwein!

Und wir werden keiner weinen
lieber nehmen wir noch einen.
Und wir leeren rasch ein Glas
und ich beiße husch ins Gras.

Und ihr legt mich in den Kasten
ohne Hadern Heulen Hasten
ohne Reu und ohne Rasten
ohne Scheu und ohne Schaudern.

Und ihr lasst mich frisch und munter
ohne Kummer Knurren Klagen
ohne Zittern Zürnen Zagen
ohne Zögern Zweifeln Zaudern

tief hinab und tief hinunter
und hinunter und hinab
in das schöne kühle Grab
dass ich meinen Frieden hab.

Und ihr werft Lehm Kies und Dreck
eine Blume eine Hand
voller Erde oder Sand
auf den Sarg: und ich bin weg.

Feiert Freunde feiert weiter
feiert weiter an dem Ort
feiert weiter fort und fort:
feiert Freunde feiert heiter!

Und ich werde bei euch bleiben
und ich werde fein verschwiegen
meinem Fest zu Füßen liegen
unter eurem tollen Treiben.

Ihr sollt tanzen hüpfen springen
ihr sollt schwatzen schreien lachen
ihr sollt Lärm Lust Liebe machen
ihr sollt grölen brüllen singen.

Das soll hallen schallen klingen
das soll klatschen knallen krachen
dass es Gott weiß und die Welt:
Der hier war ein wahrer Held!

Tunichtgut und Springinsfeld
mit und ohne Gut und Geld
Taugenichts und Tagedieb:
ach wir hatten ihn sehr lieb!

Bitten Beten Büßen Messen
Seufzen Segnen und Gedenken
können wir getrost uns schenken:
Dieser hier wird unvergessen

in uns wohnen bis wir gehen
bis wir in ein neues Leben
und auf neuen Wolken schweben
und das war's: auf Wiedersehen!

DAS ENDE DER REISE

Da hilft nicht Flucht.
Da hilft jetzt auch kein Fluch
mit voller Wucht.
Er spricht den letzten Spruch.

Ich kenn den Schluss.
Ich kenn das strenge Buch.
Ich weiß. Ich muss.
Er bringt den letzten Bruch.

Ich will mit offnen Augen tot da liegen,
bis Abend wird, bis Fliegen auf mich fliegen.
Dann breitet über mich zur Nacht ein Tuch.

UMS GROSSE UND GANZE

Hager hoch hart herb und bitter
steht im Garten steht am Gitter
vor der Pforte steht mein Schnitter.
Ach ich zucke zage zitter!

Brüder Schwäger Vettern Freunde
wehret meinem ärgsten Feinde!

Kommt mit Bögen kommt mit Pfeilen
Sticheln Stößeln Raspeln Feilen
kommt mit Äxten kommt mit Beilen
Stricken Riemen Gurten Seilen.

Kommt mit Fesseln kommt mit Knebeln
Zähnen Klauen Krallen Schnäbeln
kommt mit Hobeln kommt mit Hebeln
Degen Dolchen Dechseln Säbeln.

Kommt mit Stäben Stecken Stöcken
kommt mit Pfosten Pfählen Pflöcken
Schwertern Spießen Speeren Stangen
Klammern Klemmen Zwingen Zangen

Hämmern Nägeln Messern Meißeln
Scheren Gabeln Peitschen Geißeln
Ketten Knüppeln Knütteln Knuten
Netzen Rechen Reusen Ruten.

Kommt mit Fäusten Forken Flinten
kommt mit Füßen Fallen Finten
Spaten Schippen Schaufeln Schlegeln
Harken Hacken Beiteln Flegeln

Helmen Schilden Panzern Lanzen
Bürsten Besen und den ganzen
guten Geistern hier auf Erden
Hunden Wölfen Ochsen Pferden
Engeln Teufeln Riesen Zwergen
Drachen Dienern Häschern Schergen.

Und im Sturm mit Stahl Stein Feuer
wehret meinem Ungeheuer!

Flucht ihm folgt ihm hetzt und hasst ihn
sucht ihn scheucht und schreckt ihn fasst ihn
schnappt ihn schnürt ihn jagt ihn schlagt ihn
packt ihn presst und prellt ihn plagt ihn.

Und zerknüllt zerknautscht zerknickt ihn
und zerstampft zerquetscht zerdrückt ihn
und zerteilt zerstoßt zerstückt ihn
und zerrupft zerfranst zerpflückt ihn.

Und zerstört zerhaut zerschmeißt ihn
und zernagt zerkaut zerbeißt ihn
und zermahlt zermalmt zerreißt ihn
und zerfleischt zerschlitzt zerschleißt ihn.

Und zerschmettert und zerbrecht ihn
und zerspaltet und zerstecht ihn
und zerschneidet und zersägt ihn
und zertrümmert und zerlegt ihn.

Und zerschnipselt und zerknittert
und zerschnetzelt und zersplittert
und zerfasert und zerfetzt ihn
und zerfleddert und zersetzt ihn.

Onkel Enkel Neffen Kinder
wehret meinem strengen Schinder!

Ach ich werde müder matter.
Grimmig grausig groß am Gatter
mit der Sense steht Gevatter
Tod. Jetzt hat er mich! Mich hat er!